吳國楨事件解密

李敖生等 著／蔡登山 編

目次

編輯前言

蔡登山

香港著名報人李餤生曾以筆名馬兒撰有《吳國楨事件》一書，該書於一九五四年由香港新生出版社印行。可說是吳國楨事件發生後，作者作為一位資深報人，對整起事件的始末，及吳國楨與蔣介石、蔣經國父子之間的關係，還有到後來蔣介石連番炮製「吳逆」罪愆，而吳國楨辭去省主席赴美後跨海五次上書蔣介石，刀刀見骨的批判，做一詳盡的論斷。

「吳國楨事件」是一九五〇年代初期臺灣重要的政治事件。李餤生此書可說是對吳國楨的辨冤之作。可惜的是當時香港的出版物不易進到臺灣，而此異議的聲音，恐亦不容於當道，因此此書流通甚少。

李餤生已於一九七三年六月二十八日病逝香港，其夫人呂媞女士為著名書畫家，後來移居美國舊金山。我透過香港書畫收藏家許禮平先生告知其得力弟子的聯繫方式，很快與呂女士取得聯繫，經其同意授權此書再版。後來呂女士又打電話到紐約給李餤生的公子李勇先生，蒙其惠賜資料，得以寫成作者簡介，在此非常感謝。另呂女士當年在《大人》雜誌寫有悼念李餤生的文章〈活在我心中〉，則收為本書附錄，讓讀者對其人有更深一層的認識。

六十年忽焉過去，「吳國楨事件」對年輕一輩可能是非常遙遠的事了，甚至對吳國楨其人都不甚了然，因此轉載了已故史料家關國煊先生的〈吳國楨其人其行〉，關先生治史料嚴謹，信而有徵，可對吳國楨其人有進一步的認識。而已故韓道誠先生則將當年所剪存的新聞報導資料，加以整理，以補關先生對吳國楨辭卸臺灣省主席後，所引發的政治風波敘述之不足。另外朱啟葆的〈吳國楨事件發展中的平議〉是一九五四年發表在《自由中國》的文章，亦有其史料價值。另外陳宏正先生提供了〈胡適與吳國楨殷海光的幾封信〉，南京學者邵建先生同意轉載其〈「吳國楨事件」中的胡適與吳國楨〉大文，盛情可感。

感謝這些作者，或從史料的角度，或從其引發的效應，來解讀此一事件。此書之編輯，亦是想就相關的資料彙編在一起，讓研究者能從多角度去看此事件。

吳國楨其人其行

關國煊

吳國楨，字峙之，湖北建始人，生於清光緒二十九年九月初二日（一九〇三年十月二十一日）。幼隨父經明（述齋）居北京。民國三年，年十二，入天津南開中學，與張道藩（原名振宗）同學。六年，入北京清華學校。十年，畢業清華，獲選赴美留學。十二年，獲愛荷華州格林內爾大學經濟學學士學位。十三年，獲普林斯頓大學碩士學位。十五年，獲普林斯頓大學政治系哲學博士學位，同年歸國，任國立政治大學教授。十六年，任外交部特派江蘇交涉員公署（特派員郭泰祺）秘書兼交際科科長。十七年，任外交部第一司副司長（或作幫辦）、條約委員會委員、湖北煙酒稅務局局長。十八年，任漢口市政府簡任參事，旋調任漢口市政府土地局局長，後改財政局局長。二十年，任湖北省財政廳廳長。二十一年，任漢口市市長。

二十六年七月，抗戰軍興。二十七年十月二十五日，漢口陷落，率部分市民逃往恩施。二十八年十二月七日，繼賀國光（元靖）為重慶市長（霞關會《現代中國人名辭典》作二十六年任重慶市長，誤），十一日，到職視事，並兼任重慶市防空副司令。二十九年九月，國民政府明令定重慶為陪都。三十年六月五日，日機夜襲陪都，至夜十一時二十九分始解除警報，校場口大隧道發生窒息慘案，傷亡達一千二百餘人（此據劉峙《我的回憶》；劉紹唐《民國大事日誌》第一冊作「市民死傷約三萬餘人」），六日，蔣委員長巡視出事現場，七日，蔣委員長為重慶市校場口「大隧道窒息慘案」，下令懲罰主管防空人員，重慶衛戍總司令兼防空司令劉峙（經扶）、重慶市市長兼防空副司令吳國楨、專任防空副司令胡伯翰受到處分；十月，國府任命國華為重慶市政府社會局局長（三十二年十一月，任出席「開羅會議」隨員；七十三年五月，繼孫運璿為行政院院長）。三十一年十二月八日，免去重慶市市長職務，由賀耀組（貴嚴）繼任，改任外交部政務次長（常務次長錢泰，十二月十二日由胡世澤接任）。三十二年三月二日，外交部部長宋子文因公出國，行政院（兼院長蔣委員長）會議決議派政次吳國楨代理部務；五月七日，國府任為互換中英條約批准約本全權代表；十月十一日，宋子文歸國視事，吳國楨回任政務次長。三十三年三月十三日，接見蘇聯駐華大使潘友新，對蘇機侵犯我新疆之不法行為，提出抗議，並請其調查及防止日後有類似事情發生。

三十四年五月二十五日，任互換中比條約批准約本全權代表；七月三十日，王世杰（雪艇）繼宋子文為外交部部長，八月十五日，抗戰勝利，二十七日，繼王世杰為中國國民黨中央宣傳部部長，二十九日，由甘乃光（自明）繼任外交部政務次長（常務次長劉鍇）。三十五年五月十四日，繼錢大鈞（慕尹）為上海特別市市長，上任伊始，以控制預算、處理黑市為施政方針。三十六年五月，上海市政府及淞滬警備司令部逮捕各大學中之共黨分子二十餘人，並搜獲「中國民主同盟」（簡稱「民盟」）上海支部策動學潮文件；十月，內政部長張厲生（少武）宣佈「民盟」為非法團體。三十七年十二月二十五日，中共宣佈「頭等戰犯」名單，吳國楨於四十三人中名列第二十四。三十八年一月二十一日，蔣總統宣佈暫行引退；四月，因病獲准辭去上海市市長職務；五月，上海陷共；六月廿四日，蔣總裁遷至臺北草山（旋改名陽明山），並決定設置總裁辦公室，奉派為設計委員；七月十日，中國國民黨蔣總裁應菲律賓總統季里諾（Elpidio Quirino）之邀，飛赴碧瑤，舉行「碧瑤會議」，吳國楨為蔣總裁隨員，會後中菲兩國領袖發表聯合聲明，號召遠東各國組織「太平洋聯盟」，以扼制共產主義之擴張，十二日，隨蔣總裁離菲返台；十一月，奉命陪同美國參議員諾蘭（William Fife Knowland, 1908-1974）飛往重慶；十二月十五日，行政院（院長閻錫山）第一〇三次會議准陳誠（辭修）以「軍事繁重，勢難兼顧」為由，辭去臺灣省政府主席職務，由吳國楨繼任臺灣省政府主席兼保安司令，同日吳國楨舉行記者招待會，提出四點施政方針：（一）徹底反共，密切配合軍事；（二）努力向民主途徑邁進；（三）推行民生主義，為人民謀福利；（四）實施地方自治，發揚法治精神，大量起用台籍人士，二十一日，新任臺灣省政府主席吳國楨暨全體省府委員就職，省府委員為兼民政廳長蔣渭川、財政廳長任顯羣、教育廳長陳雪屏、建設廳長彭德、農林廳長徐慶鍾、秘書長浦薛鳳，委員彭孟緝、游彌堅、杜聰明、李連春等，改組後之省府五廳中，台籍三名，廿五位委員中，台籍十七名，「就職伊始，即揭櫫徹底反共、邁進民主、改善民生、勵行法治四要義，而於西方民主政風，尤為嚮往，故積極實行縣、市長民選，還政於民。」。三十九年一月三日，就臺灣省保安司令兼職（前任司令彭孟緝改就副司令），二十二日，臺灣省政府改組，由楊肇嘉任民政廳長，陳尚文任建設廳長；二月，臺灣省府通過「勞工保險辦法」；三月一日，蔣總統復行視事。十二日，兼行政院（院長陳誠）政務委員（吳於陳誠上任後，深感院府之間，相處不易，呈請辭職，不准），十七日，兼「臺灣省反共保民動員委員會」主任委員（副主任委員黃朝琴、孫立人、彭孟緝），二十月，王世杰任總統府秘書長，二十五日，蔣經國任國防部總政治部主任；七月，臺灣省實施計畫教育，公佈「中等以上學校畢業生就業辦法」，省府率先「錄用大、中學畢業生，以扶植青年」；十月二十二日，臺灣省實行民選縣、市長（臺灣設五市、十六縣），實行還政於民，奠定民主政治之基礎，花蓮、台東開始選舉，至是「臺灣廿一縣市長之民選制度，次第完成」，三十一日，總統蔣公在角板山歡渡六四華誕，乘蔣公「閒情逸致，鄭重進言：國民黨黨費應不用國家經費而向黨員籌募，且應鼓勵反對黨之成立，俾能奠定兩黨制度」（吳國楨「三上總統書」）。四十一年二月，堅請辭職，結果予以慰留，其後復請辭多次，不准；六月五日，對外國記者發表談話，表示我將採重大步驟，鼓勵私人資本投資臺灣工業；十月，任中國國民黨中央常務委員；同年兼行政院美援運用委員會委員、臺灣物資委員會委員。四十二年二月，省府通令實施耕者有其田為本年度中心工作；四月十日，獲准辭去臺灣省政府主席職務，由俞鴻鈞繼任，仍留任陳誠內閣政務委員；五月，請假奉准離台飛美；十一月十七日，總統府秘書長王世杰因事免職，蔣公倩人致書吳氏，屬彼回台出任該職，以「政府年來措施，並不與楨之一貫主張相同」婉函拒絕（翌年五且十八日，由張羣繼任總統府秘書長）；十二月，盛傳吳國楨嘗套取巨額外匯，並謂與王世杰去職有關，立法院、國民大會聯誼會中有人提議，將之查辦。

四十三年一月二日，以黨員身份，函請中國國民黨中央黨部秘書長張其昀（曉峯），請其轉呈蔣總裁轉知政府對所傳徹底查明，公佈真相，十五日，以全無下文，遂擬具「闢謠啟事」，郵寄乃父，請其在台以廣告方式刊諸各報，十八日，接獲張其均氏覆函，告以：「一月二日手教敬已誦悉，並經報告總裁，囑為轉告，外間流言，原屬毫無根據，兄可不必介意。」二十五日，接老父來示，云：「（二十二日）午後二時，先到《聯合報》，邀廣告科長同至『記者之家』，約集《中央日報》、《新生報》、《中華日報》、《公論報》各廣告科人，發表啟事原文，請其登報，各人謄清原文，攜稿而同，交涉完畢，予亦返家。晚間八時，黨部秘書長張其昀來寓，稱啟事已呈報總統。總統謂此事已經證明了，請我不必登報。余當云：『此事係私人自由，與他人無關，仍請婉呈總統，以發表為宜！』張未置可否而去，翌日報遂未登。各報館已將訂廣告費送還。」吳國楨以「含冤莫白」，於收到家書後，即再度分別呈請行政院、中央黨部，堅辭政務委員、中央常務委員兩職務，二十九日，吳國楨在紐約《民氣日報》以公開信形式談及此事；二月七日，三星期前撰之「闢謠啟事」突在臺灣各報註銷，並由「美聯社」、「合眾社」駐台特派員搶先向外報導，獨吳國楨尚懵然不知，是日下午七時三十分，應邀至芝加哥「WNG電視臺」舉行現場直播記者座談會，記者爭相以該「出爐新聞」為問，答以「此為政敵之誣衊行為」，此語一出，辭職原因，已不能再自隱瞞，繼問何人為汝之政敵及為何辭職來美？答以因「健康」及「政治」兩理由去國，八日，「CBS全國廣播電視」派人至吳寓，拍攝電視，由吳再度答覆此項問題（於同月十二日將此電視廣播全美），同日張其昀致函吳氏，略稱：「啟事已載《中央日報》，附以剪奉，前次總裁指示不必登報者，純出於愛護之意，以為此類無稽之談，不必與之計較，今兄在紐約僑報（引案：指《民氣日報》）既有公開信談及此事，此間自亦無妨同時發表也。」二十六日，接受「合眾社」訪問，記者問吳臺灣盛傳彼即將回台出任總統府秘書長，是否即行回台？略作答覆，並發表「政見」如下：「（一）在目前環境之下，我不願回臺灣，因為我認為，現在中國政治情形和我當初和政府發生爭執時並無改變；（二）我現在仍為行政院政務委員，但曾五次提出辭呈未獲照准；（三）與政府爭執之點，甲、爭取臺灣人民的全力支持，乙、爭取海外僑胞的全力支持，丙、爭取自由國家，尤其美國的同情與支持，但是除非吾人能在現行統治地區內實施民主，否則上述諸端皆無法做到，然而不幸的若干人士竟認為與共產主義作戰必須採取共產主義的方法；（四）我深信目前的政府過於專權。」（見張道藩在立法院第十三次會期第五次會議之之質詢全文），吳氏自言在美之言論，「皆係為事實所迫而言，並非楨故意出此」，而有識之士（如胡適博士），認為吳屢任國民政府與國民黨要職，在美發表反國民政府言論，實另有用心，妄想托庇他國，在美搞其「第三勢力」，結果徒然削弱我反共陣形。二十七日，吳國楨正式分別呈請國民大會及總統蔣公，「指明我政府現行政策之重大錯誤，建議六項民主化之措施，請其討論實行，並將全文在臺灣各報發表」；三月四日，立法院長張道藩以立法委員身份招待記者，列舉行政院政務委員吳國楨之違法亂紀情事，八日，吳國楨在紐約僑報發表自白書，九日，國大秘書處（秘書長洪蘭友）接獲吳國楨由美來電陳述意見，主席團決定提第一屆國民大會第二次會議第一次大會報告，十一日，吳國楨致國大函件發表後，各方咸表憤慨，各代表以吳國楨在外肆意詆毀政府，一致要求嚴加制裁，十二日，立法院長張道藩以立法委員身份向行政院（院長陳誠）質詢「吳國楨違法亂紀案」，十七日上午，第一屆國民大會第二次會議第十次大會通過一項臨時動議，要求政府明令撤免吳國楨現任行政院政務委員職務，並飭令吳國楨即日回國聽候查辦，是項臨時動議，係綜合三案一併提出，其案文為：「吳國楨身為現任官吏，在美竟發表荒謬言論，詆毀政府，跡近叛國，應予嚴厲制裁案」決案經審查委員會提出三點審查意見：（一）查吳國楨係藉口政見不同在國外散播流言，掩飾其在臺灣省政府主席任內之種種不法行為，送請政府命令撤免其政務委員職務；（二）請政府徹查吳國楨在臺灣省政府主席任內之各種不法行為，依法究辦；（三）請政府飭令吳國楨迅即回國聽候查辦，上述審查意見，經大會一致無異議通過。蔣總統據報，明令：吳國楨背叛國家，誣衊政府，撤免行政院政務委員職，至在臺灣省主席任內違法瀆職，應徹查究辦，同日中國國民黨中央改造委員會議決議開除吳國楨黨籍。二十日，再度上書蔣公，二十八日，三度上書；四月三日，四度上書；六月，馬兒（李燄生）印行《吳國楨事件》一書（香港「新生出版社」版），報導該事件之來龍去脈。吳初抵美國，曾任《芝加哥論壇報》遠東版編輯兩年，五十四年，遷居喬治亞州薩凡納市，應聘為州立阿姆斯壯大學史學教授；晚年致力於中國歷史與政治之研究與整理從政史料，並有英文著作問世。七十三年六月六日，因病在薩凡納市去世，年八十二歲（虛齡，「合眾國際社」電作八十歲）。歿後，中共中央統一戰線部（簡稱「統戰部」）利用吳國楨之最後「剩餘價值」，由中共上海市市長汪道涵致電該前上海市市長兼「頭等戰犯」吳國楨在美遺屬（吳夫人黃卓羣及兩子兩女），表示深切哀悼。鄧穎超、杜建時等也以南開校友身份致電慰問。香港及美國左派華文報紙，更借機大作文章。

著有：《Ancient Chinese Political Theories》、《Chinese Heritage》、《The Lane of Eternal Stability》（小說）等書。

（關國煊稿。參考：《民國大事日誌》、《自由中國名人傳》、《吳國楨事件》、浦薛鳳〈台省四任秘書長〉、《吳國楨八十憶往》。）

吳國楨案有關資料彙輯

韓道誠

前言

拜讀《傳記文學》第四十五卷第一期（民國七十三年七月號）關國煊先生〈吳國楨其人其行〉大作，編年記事，文簡而賅，實深敬佩！可惜因限於體例，對若干事蹟，未能詳加敘述。尤其吳國楨辭卸臺灣省主席後，所引發的政治風波，關先生只記其梗概，對於有關資料，略而未談。事隔三十年，雖已成為歷史陳跡，然溫故知新，似仍有引為借鑒的價值。爰將當年所剪存的資料，稍加整理，以為續貂之作。資料來源，均見於當時的新聞報導，而以《中央日報》及「中央通訊社」所發表者為主。

一、吳國楨闢謠啟事

吳國楨於民國四十二年四月辭去臺灣省主席職務。正如關文所說，「吳於陳誠上任（行政院院長）後，深感院府之間，相處不易」，應該是他辭職的最大原因。由政見不和，而形成政治鬥爭，這在歷史上是屢見不鮮的事。但吳國楨於卸任之前，以有關民生的食糧，作為政治鬥爭的工具，把臺灣的存米大部售出，致造成嚴重糧荒，是使人難以諒解的。卸任後，乃以行政院政務委員身份出國「養病」。初到美國，曾做數度講演，對臺灣政治經濟建設，尚加以讚揚。其後因傳出他再美國銀行有五十萬美元存款，問題便趨於複雜而惡化了。

一般的說法，是同年冬美國副總統尼克森來訪，當先總統蔣公和尼克森談到美援問題時，尼克森指出「中國政府似不需要過多的美援，因為中國官員在國外存有大批款項。」並將吳國楨在美國銀行存有五十萬美元的事實，及美國聯邦調查局與國會均有此項調查紀錄等等相告。尼克森去後，蔣公即追查此事，究問款係如何匯出。首當其衝的便是總統府秘書長王世杰。王似有難言之隱，蔣公震怒，斥責王「蒙混舞弊」，而將其免職。輿論亦紛紛要求嚴懲，並要求公佈事實真相。

王世杰之免職，既因吳國楨五十萬美元國外存款所引起，不僅報刊為文指摘，亦成為街談巷議的資料。吳父函知吳國楨，於是而有如關文所說刊登啟事的情節。啟事是四十三年一月十五日寄給他父親的，其中經過一些周折與協調，始於二月九日在臺灣各大報刊出。其文云：

吳國楨啟事

楨遠在國外，忽聞道路謠傳，謂楨苟取巨額外匯，並云前總統府秘書長王世杰之去職與此有關等語，查楨此次來美，曾經由行政院陳院長批准，以私人所有台幣向臺灣銀行購買美金五千元，作為旅費，此外並未由政府或政府中之任何人員批准撥給分文公款，楨亦從未有此項請求，與王氏更從未談過去美費用問題，楨聞此謠傳後，已於一月二日以黨員身分函請張其昀秘書長轉呈總裁請飭政府徹底查明，公佈真相。至楨在美生活，除夏間遵醫囑曾赴美國西部高山地帶休養醫治氣喘外，自十月起即在義利諾州艾凡思頓城公寓旅舍居住，房屋二間一小廚房，內子執炊，楨自洗碗，以旅費不敷，遂接受各方請求演講，已接受者約二十餘處，每次講費約四百五十元美金，一面藉以維持生活，一面亦以國民一份子資格為國宣傳，以演講關係曾赴紐約四次，旅館費用，間由請演講者供給，曾在所謂最華麗之華都飯店演講二次，廣播一次，但從未寓居該處，此間本國僑胞及美國友好均深知悉，勿庸置辯，查楨為國服務廿餘年，生平自愛，未曾貪污，在此國難當頭之際，若尚存心混水摸魚盜取公帑，實將自覺不儕於人類，惟以道路阻隔，深恐以訛傳訛，故特啟事周知，如楨個人有任何劣跡，敬請國人檢舉，政府查辦。

吳國楨　啟事　一月十五日

但於二月七日吳已在芝加哥發表了攻訐政府的言論，二月十六日對合眾社、美聯社等外國記者又發表了不利於政府的言論。關於五十萬美元存款的問題，始終是個待解的謎，但關謠啟事中所謂「內子執炊，楨自洗碗」的寒酸相，卻不為時人所相信。

二、張道藩首次質詢

吳國楨既在國外攻訐政府，立法院院長張道藩，在國內首次發難，於二月二十六日在立法院提出第一次質詢。他首先說：「最近三天三夜，我一直沒有睡覺，想提出一個質詢，但不知道大家同意不同意？」經大家同意後，乃提出此關係全案發展之重要質詢。將吳國楨在美國的言行，加以反駁。茲錄其質詢全文如下：（原載同月二十七日《中央日報》）

主席，行政院各位首長，各位同仁：

我擔任立法委員，已經五年十個月，雖然發過許多次言，參加過許多次辯論，但我從來沒有行使過憲法第五十七條所賦予我的質詢權。主要的原因是，當我是委員的時候，我想質詢的事件，常常有別的同仁質詢了，我又何必重複質詢，浪費院會的時間。自從四十一年三月，承各位同仁不棄，推選我主持院務以後，雖然照其它民主國家國會的慣例，我的原職是委員，我仍有參加討論或質詢的權利，但是，得避免就避免了，這也是過去不常發言和質詢的原因。

我今天要質詢的一件事，是因為本院質詢了五天以來，還沒有人質詢過，所以我才質詢。我想如果各位已經知道這件事的事實，必定有許多人會質詢的，那我又可以偷懶了。

引起我忍無可忍不能不質詢事實如下：

二月七日，前任臺灣省主席、現任行政院政務委員吳國楨，在美國芝加哥W. G. N.電視傳真台發表談話說，他離開臺灣是為了「健康」和「政治」兩個原因，他說：「因為我主張臺灣民主化，而別人則認為反共須用共產黨的手段」等語。

二月十六日，吳國楨又在芝加哥他寓所裡接見合眾社記者，發表他的所謂「政見」如下：

（1）「在目前環境之下，我不願回臺灣，因為我認為現在中國政治情形與我當初和政府發生爭論時並無改變。」（2）我現在仍為行政院政務委員，但曾五次提出辭呈，未獲照准。（3）他說明他與政府爭執之點為他主張要光復大陸必須做到下列各點：「（甲）爭取臺灣人民的全力支持。（乙）爭取海外僑胞的全力支持。（丙）爭取自由國家尤其美國之同情與支持，但是除非吾人能在現行統治地區內實施民主，則上述諸端皆無法做到。然而不幸的，若干人士竟認為與共產主義作戰，必須採取共產主義的方法。（4）他說他深信目前的政府過於專權。（The present government is too authoritarian）」等語，因此，紐約《世界電訊報》、《太陽報》及其同一系的許多報紙，都根據吳國楨的談話，對中華民國有極不利的評論。此外還有關於吳國楨發表談話的其它消息，限於時間，不再報告。

諸位同仁，吳國楨他離開臺灣原因之一是為「健康」，其實他那樣又肥又胖的樣子，美國觀眾在電視傳真裡看見了，自然證明他那為了健康而出國的原因是在說瞎話。至於「政治」的原因，我倒要請問行政院陳院長，吳國楨當初和政府發生過什麼爭論？我們過去毫無所聞，現在行政院是不是可以對我們公開？因為吳國楨所指的政府一定是行政院而非其它各院。

吳國楨身為政務委員，藉口「健康」關係，到外國去胡說八道，其危害民族國家至深且大，過去他曾經五次辭職，何以不准？此後他如果再辭，到底准，還是不准？依照憲法第五十七條，行政院院長對立法院負責。如今發現一位政務委員有危害國家之言論，是否認為這與政策無關？是否認為吳國楨可以像普通人民一樣，有他的言論自由，而仍予以寬容？

在吳國楨尚未辭去政務委員以前，我願意請行政院陳院長轉知吳國楨答覆下列各點：

（1）他說「除非吾人能在現行統治下之地區內實施民主」，請他答覆我們今天在自由中國所行的民主，是什麼？

（2）他又說「不幸若干人士，竟認為與共產主義作戰必須採用共產主義的方法」，他所謂「若干人」是何等人？請他指出姓名，並說明究竟有若干人？同時舉出採用共產主義方法的事實。

（3）他深信目前的政府過於「專權」，他之所謂「專權」作何解釋？

（4）他說：「除非實施民主否則就不能爭取臺灣人民及海外僑胞之全力支持，也不能爭取自由國家，尤其是美國的同情與支持。」他有何種事實證明我們的政府不爭取臺灣人民及海外僑胞？他又有何種事實證明臺灣人民海外僑胞對我政府不全力支持？他更有何種事實說明我政府不爭取自由國家和不爭取美國的同情與支持？他又有何事實說明美國對自由中國不同情與支持？我希望行政院能夠替本席迅速取得吳政務委員國楨的答覆。

諸位首長、諸位同仁，你們大家都知道我和吳國楨是南開中學時代的老同學，卅多年以來，他和我之間雖然說不上至交，但是可以說是老朋友。多年以來，他無求於我，我也無求於他，他有他的聰明能幹之處，國家沒有多少人才，我們應該推重他的地方就推重他。他有小錯，能寬容就寬容他。但是如今他反動了，他錯了，我就絕對不能寬容他，當然就顧不得私交了。比方三十八年他任上海市長時，徐蚌會戰一失利，他就要求辭職，不准他辭，他就不去辦公，最後政府沒有法子，祇好准他辭職，而以他人代理。這一事實，是許多人都對他看不起的！因為他那一次在公事上雖說已經獲准辭職，其實是「要脅」「哀求」得到的，事實上等於「臨陣脫逃」。他到了臺灣，在總統沒有復行視事以前，誰不知道他那些失敗主義的言論，儘管他等於「臨陣脫逃」離開上海市政府，來到臺灣，國家對他仍然優容，並且重用他為臺灣省政府的主席，國家對他不為不厚。他在臺灣時，常常於言談之間，表示好像自由中國祇有他一個人懂得民主政治，祇有他一個人能過民主生活，實際上他只知道用一些小恩小惠，討好一部份民眾，對於臺灣的根本大計如「耕者有其田」的政策，他常常於言談之間，根本表示反對。其它應改革的許多大事，他多半都是如此態度，他之善於作表面工作，善於討好友邦人士，是常為識者所竊笑，而他自己卻自鳴得意的。他為什麼最近在美國會這樣過於反動、狂妄，我們尚難猜透，如果他想借此討好一部份對中華民國有成見的人，希望那些人扶植他為中國第四勢力的領袖（因扶植第三勢力已經垮了），那我們還說什麼呢？我們祇好等等看，他究竟是如何的民主？臺灣人民、海外僑胞是如何的全力支持他？自由國家和美國又是如何同情和支持他？但是我總希望對本院負責的行政院院長對吳政務委員國楨的言行要切實注意了。我今天的質詢雖然祇是我自己一個人的意思，但是我想許多同仁，許多民眾，對於這一個口頭禪的民主政客，所發表危害國家的言論，是人同此心，心同此理而萬分憤怒的。（完）

三、張道藩三度質詢

張道藩於三月四日提出第二次質詢，三月十二日提出第三次質詢，問題共為十三項，列舉吳國楨任內罪狀。下面是張氏的書面質詢的全文：

（1）卅八年四月軍事緊急之際，上海市長吳國楨辭職經過實情如何？

（2）一般人都認為吳國楨當時等於「臨陣脫逃」放棄職守，何以卅九年臺灣省政府改組竟又任吳為主席？據說，他當時曾毛遂自薦，並自己承認早離上海對不住國家，希望任他為臺灣省主席，俾能圖報國家以求補過，有無其事？

（3）據報他在臺灣省政府主席任內，未經行政院核准私自濫發鈔票，行政院係何時發現？先後私自擅發鈔票為數若干？

（4）聞吳國楨在主席任內，對於外匯及貿易暗中操縱，於國家經濟為害甚大，請行政院查明詳情答覆。

（5）臺灣林產問題，弊端甚多，聞吳國楨在林產方面上下其手，獲利甚多，行政院過去曾否發現，如尚未發現，請詳加調查答覆。

（6）吳國楨任內主張拋售黃金，借此圖利，為數甚大，請行政院將事實查明答覆？

（7）據聞吳國楨於交代臺灣省政府主席職務之前，將五萬噸存糧拋售一空，一則與後任為難，一則造成經濟恐慌，社會不安之情勢，使民眾認為渠不任主席，臺灣即無辦法，其拋售糧食之事實如何？

（8）吳國楨長上海市政府時，派其叔岳丈黃金疇為上海市銀行總經理，於其辭職之前，另派朱慎微接充，現黃、朱二人均在臺灣，究竟彼等對於上海市銀行之交代如何？請查詢明白答覆。

（9）聞吳任上海市長時，上海市警察局調查之人口總數為五百九十餘萬，吳竟謊報六百三十萬人，而向中央請求配發六百三十萬人口所需之糧，是否有此事實？如有，其每月所謊報約四十萬人之糧，（聞每人二斗）究如何報銷？請查明答覆。

（10）據聞吳國楨交代上海市政府市長職務於陳良將軍時，一切重要文件及帳冊均無交代，其事實如何？現陳良將軍在台，請查明答覆。

（11）聞吳國楨將上海市政府之汽車數輛，運至臺灣以後，以個人名義出售，得款自肥，聞現在中央信託局賀副局長所乘之汽車，即係吳所出售之上海市政府公產，有無其事，請查明答覆。

（12）吳國楨全家自滬遷台時，運來大小行李九百七十餘件，據其家人對某友人（此人現在臺灣）說：「我連痰盂也不願留一個給共匪」，而其出國時，又攜走行李十大箱，曾要海關免予開箱檢查，故民間有吳之箱內，皆係黃金美鈔之傳說，此種事實，經過如何？請查明答覆。

（13）其它有關吳國楨包庇貪污，營私舞弊，勾結奸商，謀取暴利之事實甚多，亦請一併查明答覆。

如行政院對所問若干事件，須相當時間查明，方能答覆，則答覆時間，可由行政院決定。

立法委員　張道藩上

此固擬將吳國楨的罪狀曝白於天下，但行政院並未答覆。蓋此時吳已身在國外，行政院之答覆亦難以措辭。張氏的質詢，實即代政府發言。在張氏提質詢之前，立法院雖有少數委員曾提出質詢，然地位不如張氏顯要，故不惹人注意，而張氏之質詢亦即對在美國之吳國楨宣戰。

四、吳國楨〈上國民大會書〉

二月二十日，第一屆國民代表大會第二次大會在台開會，吳國楨於二月二十七日有〈上國民大會書〉一通，寄至國民大會。因其內容嚴重損及政府形象，國民大會主席團對此文發表與否，分為兩派，有的贊成，有的反對，終於接受胡適之的意見，於三月十一日在臺灣各地報紙全文發表如下：

國民代表大會鈞鑒：楨遠在國外，忽聞電訊報導，對楨有攻擊之辭，楨對私人問題，事實具（俱）在，不願置辯，然而對於國家前途，在此顛危之際，自不能不有所聲述。天下興亡，匹夫有責，況楨深受國家栽培，何敢含默。楨棄官浮槎，原為政見之不同，隱忍十月，亦係企求當局的自悟。然而謠諑繁興，毀楨清白，含沙射影，來源有自。楨逼不得已，不得不稍有透漏，藉以催促當局之反省。然而反不見諒，拒絕善意之批評，造成聲勢，逼楨不得不言。楨思若仍此含默，則對國家是不忠！是為怯懦、是為虛枉！楨不願自絕於我國家之政府，自絕於我國家之人民。故敢披肝瀝膽，痛切陳詞，為我國家最高權威之機構國民代表大會言之。

大陸喪失，痛定思痛，凡我國人，莫不負責。臺灣一隅之地，苟安終非長局，「漢賊不兩立，王業不偏安。」然圖恢復大陸，必先取得下列條件：（一）臺灣八百萬同胞之竭誠擁護，（二）海外一千三百萬僑胞之中心悅服，及（三）各友邦，尤其是美國之有力及不斷的同情與援助。但若思取得此三項條件，則必須拋棄個人一人或一家之思想，完全接受國父之遺教，實行真正民主政治，始能收其效而得其功。捨此以外，別無他途。

茲僅將我政府所採取之現行政策，與此原則違背之點，舉其大者，縷述如下：

（一）一黨專政。楨本國民黨黨員，自問一行一為，從未有違孫中山先生遺教之處。然就目前國民黨主政方式而言，則完全未照孫中山先生遺教而行。不獨係一黨專政；而且國民黨之經費，非由黨員之捐助，乃係政府，及國民之負擔。此種辦法，除共產極權國家外，實為今古所無。且就黨內而言，亦係仿效共產黨之所謂「民主集權」制；所謂「民主」，實係虛偽；所謂「集權」，卻是實在。凡民主政治之實施，最少須有兩大黨之存在，藉使在朝黨有所警惕，而在野黨有所展布。土爾其開國之時，克默爾自動成立兩黨，即係為此；是以土爾其政治能以改善，國基用以鞏固。國民黨目前所採取之方式，實係操縱把持，與基本民主政治不合。

（二）軍隊之內，有黨組織與政治部。國家軍隊，必須國家化；俾其不致只忠於一黨或忠於一人，造成封建或內亂之勢力。此乃天經地義。然而我國現時軍隊，不獨有國民黨黨部之秘密組織，且有政治部。所謂政治部係完全仿效共產黨之政治指導員制度。軍中升降，不以成績才能為依歸，而以個人與政治部之關係為主。姑不言其制度之非是；即就士氣而言，亦受政治部摧殘殆盡。楨曾與軍中各方有職人員私人談話，上至將官，下至走卒；其對政治部之觀感，惡劣至無可復加之點。甚至有言：「一朝作戰，必須先殺政治部人員」者。以此檢閱實習於平時，或可欺人；以此恢復大陸於戰時，則竊不寒而慄。

（三）特務橫行。楨承乏台政，三年有餘，幾無日不在與特務奮鬥之中。干涉選舉，擅捕人民，威脅敲詐，苦刑拷打，所在皆是。各國均有防諜之機構，在我與共匪鬥爭之際，自應注重其滲透工作，此不待言。但我國目下特務之橫蠻無理，惟我獨尊，藉此憑依，不知法律為何物，使人民皆敢怒而不敢言。以此鞏固私人之地位或可，以此求民眾之中心擁護反攻大陸，則憂憂其難矣！

（四）人權之無保障。由於特務之橫行，臺灣實已成為警察國家。人民權利，幾已剝削淨盡。楨在任內曾努力訓誡，捕人必須先有犯罪證據，搜察必須經過法律手續。但職權所限，無辜被捕被搜者，實不知有幾何人數。每念及此，輒為痛心！

（五）言論之不自由。此不必由禎詳敘，諸公想亦知之而不敢言，報紙停刊，記者逮捕，事實具在，勿庸贅述。

（六）思想控制。所謂反共救國青年團（原文）之成立，實係模仿希特勒及共產黨之青年團。此機構究係由國民黨或政府主持，禎至今愚不能明。其經費於禎在任時曾向省府需索，經禎拒絕。此後經費，究由何出，實可查究。自青年團成立以後，動輒要求學校更換教員，壓迫學生，以此誘導青年，造成不良風氣，實將遺害無窮。

以上犖犖大者六端，禎不必言諸公想亦知之。茲謹建議大會立即採取下列數項措施：

（一）組織委員會徹底查明國民黨經費來源，公佈真相，並須訂原則交由立法院議定「政黨法」保障各方反共人士均能在台公開成立政黨，批評政府。

（二）議決撤銷軍中之黨組織及政治部。至軍隊人員反共意識之訓練，應由有國家思想者主持，不得不（原文）由任何一人或任何一黨包辦。

（三）須訂原則交由立法院擬定「國家安全制度」之法律，明白規定特務機構之權力，及其違背者之罰則。在此可以美國「聯邦調查局」制度為參考。對於主持此機關之人選，更應慎重，不得由當局派其戚屬主持。

（四）組織委員會公開接受無辜被捕及非法受擾者親友之控訴，並分別派員往各種公開或密秘（原文）監獄，及拘留所內實地勘查。若此委員會果能成立，楨當就其所知，供給材料。

（五）組織委員會徹底查明過去言論之何以不能自由，例如某報之何以受令停刊，某記者之何以被補，何人下令，有何法律根據。對於過去之非法措施，應追究其責任，藉以樹信於民，使言論自由得有保障。

（六）議決撤銷青年團，並不得再有變相之組織。

「害不能除，利不能生」，如果大會採納上項建議，楨當對於當前政治，更有積極建述。

楨作上項建議，非為個人著想。楨自問心淨如水，不有任何政治企圖，楨亦非為私怨報復。楨已流亡異國，自甘寂寞，又何恩怨可言。更非為故意顛覆某人，或某派起念。楨孤拳寡手，何能顛覆？楨之所以為此，實為國家前途著想。大陸沉淪，四載有餘。四五千五百萬（原文）同胞之呼天喊地，何人忍聞！國際變幻，時不我與，又何能苟安偏隅，閉門為王！凡有血性之人士，在此瞻顧，一日不回大陸，是一日無希望可言。亙亙此心，欲哭無淚，我人所寄念者在臺灣，我人所懷望者在臺灣，我人所默禱祈求者亦在臺灣！但臺灣若長此獨行，不知自省，翻然改途，則將更使我人於絕望之餘更絕望耳！哀哉百姓，夫又何言！

大會為國家最高權威之機構。在此國家千鈞一髮之際，實應有所樹立，堅定人民對臺灣之信心，鞏固反攻大陸之基地，奠定國家長治久安之政策，故敢披瀝，敬請大會討論並將全文在臺灣各報發表為感為禱，此上

國民代表大會　吳國楨上（二、廿七日）

五、臺大師大教授反應

臺大教授反應

對吳國楨君上國民大會函，我們的感想大致相同，特發表意見如下：

（1）吳君任臺灣省主席，有三年之久，且兼任中國國民黨中央常務委員、行政院政務委員，對政治改革有任何意見，均有機會貢獻。吳君在任要職期間，沒有任何改革意見建議，到美國養病十月之後，以現任閣員身份，居然攻擊政府，發表似是而非的言論，對於自由中國極盡挑撥誣衊的能事，我們對其個人品格，實有絕大懷疑。

（2）在自由中國之內，人人享有基本的自由。如信仰自由，居住自由，遷徙自由，言論

出版自由，集會結社自由等，這是鐵的事實。吳君說自由中國沒有言論出版的自由，實與事實不符。我國並無新聞檢查制度，出版的刊物我們看見的有一百餘種，都可暢所欲言，吳君惡意攻擊的原函，也可在報上發表，就是一個證明。

（3）自由中國今天的處境，非常困難，對外不能得整個自由世界的支持，對內又有兇惡橫暴的敵人。我們唯有統一意志，集中力量，才可突破難關，復興中國。

（4）軍隊政工制度的建立，在推行軍隊的政治教育，策劃軍中對匪的思想戰。

（5）青年反共救國團的組織，在團結中國青年反共抗俄的力量，防制共匪的宣傳毒素。吳函所述，是想分散自由中國的團結，給共匪滲透宣傳的便利。

（6）政府當局對吳君此種叛變行為，應得一嚴重教訓。此後對一切政治設施，應詳加檢討，尤其對用人行政，必須選擇樸實忠貞之士，不可再用此種浮華不實患得患失的小人。

國立臺灣大學全體教授

毛子水　毛壽彭　王作榮　王伯琦　王撫洲

朱仲明　朱國璋　安裕琨　阮維周　李順卿

李舉賢　李祥麟　李兆萱　沈剛伯　姚淇清
吳立生　宋希尚　汪幃成　金　城　金祖年
易希陶　周　楨　周玉津　英千里　洪應灶
洪耀勳　洪遜欣　施建生　姜榮林　陶心治
陳國新　陳克誠　陳華洲　陳顧遠　高化臣
高天成　高偉時　高造都　袁世斌　孫云遐
孫清波　孫嘉時　曾伯猷　曾繁康　張德粹
張國鍵　張乃維　雷崧生　梅仲協　馮承基
馮建維　曹文彥　黃正銘　黃錫和　楊鏡清
楊希震　傅啟學　趙　琛　趙蘭坪　蔣丙然
蔣君宏　蔣左文　翟　楚　蔡章麟　劉南溟
劉純白　劉崇鋐　劉榮標　錢思亮　鍾皎光
龍冠海　戴運軌　薩孟武　閻振興　魏火曜

師大教授反應

在反共抗俄的鬥爭中，由於自由中國八百萬軍民的克難努力，海外各地一千六百萬華僑的團結奮鬥，韓國戰場一萬四千義士的舉義來歸，局勢已由黑暗而轉入光明，我們正在歡欣振奮，共匪正在戰慄恐懼。而身為政府大員的吳國楨，竟逍遙美國，濫發謬論，詆毀政府，淆惑友邦的聽聞，摧毀國家的信譽，不惜給我們自由中國海內外兩千多萬的孤臣孽子以無情的打擊，給大陸上四億餘急盼援救的苦難同胞以意外的失望，給蓄意奴役我們民族的俄帝奸匪以極端的鼓勵，如非喪心病狂，何致出此！我們對這一事件的發生，實在痛心之至。

我們是從事教育的一羣，對吳國楨攻訐青年救國團，尤覺其卑鄙無恥。青年救國團的設立，在行政院研討時，吳是政務委員，沒有聽說他反對，在臺灣省推行時，吳是省府主席，他還極力宣傳其必要。現在他卻出爾反爾地攻訐青年救國團了。站在教育的立場，我們真想不出把青年納入一種救國的組織，訓練他們救國的技能，有什麼不對？

我們正想告訴政府：吳國楨叛國的這一椿事，是一個很好的教訓。這一個叛徒如果不嚴懲，將何以正國家的綱紀？今後政府的選任官吏，如果不慎重考慮，而仍讓一些祇知私利，不知公義的小人擔當重任，替國家丟臉，使民族遭殃，將何以答全國國民付託之重？

懲前毖後，我們對於整肅官箴，真是要特別注意了！

師範學院全體教授：

黃建中　田培林　林　本　鄒　謙　沙學浚
黃君壁　戴粹倫　郭廷以　范　錡　李亮恭
孫亢曾　管公度　高　明　潘重規　李辰冬
王壽康　沈亦曾　蕭忠國　吳文忠　顧柏岩
戴修駒　鄭堯拌　李新民　唐子宗　謝循實
盧廣恩　魏北淇　章微穎　馬白水　楊寶乾
盧紹稷　王偉俠　戈定邦　傅　溥　王德昭
吳奚真　王華隆　張　易　李樹桐　陳致平
蕭而化　陳泮藻　黃開繩　潘　璞　孫石公
錢　蘋　李九仙　魯傳鼎　余書麟　李金土
許世瑛　朱德羣　廖繼春　許志傑　謝冰瑩
高亞偉　陳祖文　范傳坡　劉聖斌

六、省議會調查報告全文

三月二十九日在臺灣省臨時省議會項目小組，發表調查吳國楨在省主席任內瀆職情形，茲錄當日「中央社訊」如下：

【中央社訊】臺灣省臨時省議會決定組織專案小組，調查吳國楨任省府主席期間瀆職事項。該會十八日上午舉行駐會委員會每週例會時，曾由副議長林頂立提出臨時動議，「為本省前任主席吳國楨在職期間瀆職情事，應否再予調查案」，該案經決議：由全體駐會委員及劉闊才、黃宗焜兩議員組織專案小組，由林副議長召集，並分函全體議員，儘量於一星期內提供資料。

【中央社訊】前臺灣省政府主席吳國楨，最近在美國屢次發表荒謬言論，破壞國家聲譽，並致函國民大會，誣衊政府，搖惑人心，凡此所為，不啻為共產國際加強宣傳，即其用心，至為險惡。臺灣省臨時省議會第五次大會駐會委員會第四次會議，曾提出討論，經一致決議：「將吳國楨主台期間，與本會間糾紛各案，予以整理，並授權議長副議長發表」等語，紀錄在卷。現該會秘書處已將此等案件，整理完竣，惟吳國楨在主台期間，曾與省議會不斷發生糾紛，卷帙綦繁，不勝枚舉。台省臨時省議會茲僅擇其較要者發表如下：

綜覽吳國楨歷次發表之言論，無非指責政府不夠民主，顯然係以「民主政治家」自居，照理，彼在主持省政府時之所作所為，自應處處以「民」為「主」，替中國之民主政治樹立風範。但一衷考其實，竟大謬不然。本會乃全省民意代表機關，國家即賦予一定之職權，省民復責以代言之任務，吳國楨之作風果真民主，則與本會間自無所謂糾紛存在。即使有之，亦應循法定途徑求其澄清，使民主政治之精神獲得正常發展。惟吾人遍檢本會之案卷，惜乎吳國楨缺乏此種良好品德，所發見者均屬反民主反法治及蔑視民意之個人獨斷主義。

關於吳國楨此種個人獨斷主義之作風，本會對之固早深惡痛絕，過去所以未肯明張撻伐者，良因本省為反共抗俄之基地，政治上自須力求安定，避免糾紛，為顧全大局起見，故一切予以容忍。現吳國楨既背棄國家民族之利益，企圖以一手掩盡天下人之耳目，喪心病狂，莫此為甚。吾人自應基於下列各案嚴正之事實，以揭發其奸而證其偽。

（一）地方自治與行政區域調整案

本案關係本省地方自治之實施，極為重要，乃吳國楨主持下之省府，最初即欲避免議會對其所草擬之方案參加意見，但在報紙上已不斷予以揭露。前省議會得悉，因於三十九年一月十六日致函省府，請其迅將該項方案送會審議。省府不得已，遂於一月二十日將該項草案函送議會，前省議會隨於一月二十三日舉行全體參議員審議會，予以修正通過（內容過繁，略），並於一月廿四日全體參議員會議中討論該案應如何實施時，決議：「（1）本省調整各縣市行政區域與地方自治應同時實施」，同於一月廿五日分別函達省府查照辦理。不意省府對於議會上述議案拒絕執行，一面主張暫緩調整行政區域，以資延宕，一面又以各縣市地方自治督導委員會擬具之方案，徑呈行政院核示，而不依法先送議會覆議。經前省參議會向行政院直接請願陳明各種理由後，幸行政院洞明原委，並具有充分行使民主政治之決心，於是照前省參議會之議案通過。吳國楨之慣用權術，不顧民意，可以概見。

（二）耕者有其田臺灣省施行細則案

耕者有其田條例，為中央立法權之範圍。至於臺灣省施行細則，則係省政府擬訂，應視為本省單行法規，直接關係省民之權利義務，按之本會組織規程

第三條，自應送由本會審議，乃吳國楨主持下之省府，竟不尊重此種程式，逕將擬定之草案呈請行政院核示，僅抄送本會參考。後由本會幾經要求，始於不得已之情形下，送來審議。宣導民主政治者，固應採取如是之態度乎？

（三）各縣市地方自治綱要案

查臺灣省各縣市地方自治綱要草案，吳國楨主持下之省府，於四十一年六月函送本會審議，經本會第一屆第二次大會予以修正通過，並函達省府查照。乃省政府對於此項修正，不盡同意，復不依法送請本會審議，即自逕呈行政院核定，由省府公佈。在省府公佈之各縣市地方自治綱要與本會修正案最大不同之點為：（1）第十四條末段之人口較之縣市，應選出議員名額，本會主張十九名，而公佈案係十五名。（2）第十五條第三款末本會加「並得將各科目作適當之調整」，第四款末本會加「但必要時，經決議得派員檢查帳目及憑證」，公佈案均予刪除。有如此重大之出入，竟不送由本會覆議，殊屬非法。

（四）各縣市議會組織規程及議員選舉罷免規程案

此案與上案同時，其經過亦與上案大體相仿，吳國楨既不尊重本會修正意見，復未依法送由本會覆議，遂以其省府主張徑呈行政院核定公佈。

（五）臺灣籌募愛國公債辦法案

民國卅八年底愛國公債條例公佈後，吳國楨主持下之省府，乃於三十九年一月擬定「臺灣省籌募公債辦法」一種，比即提經省府第一三三次會議通過，通令實施，事前既未送由前省參議會審議，事後唯以輕鬆語氣抄送參閱，前省參議會雖曾對之提出修正意見，亦未獲重視。如此而猶侈談民主，其誰信之！

（六）建議不應恢復契稅案

依照契稅條例第二條規定：未依法舉辦土地登記區域，始應完納契稅，又財政收支劃分法附表（1）丙項卯及丁項丑契稅注明：「僅未依土地法舉辦土地登記之區域徵收之」。本省土地登記既已全面辦理完成，自應依法不徵契稅。故本省契稅雖於民國卅六年開徵，旋於四十年一月省府即以土地已辦總登記無收契稅之必要為理由通令廢止。乃吳國楨主持下之省府出爾反爾，竟於四十年底藉口鄉鎮經費困難，擬予恢復徵收，送請本會審議。本會以法令既有明白規定，且如恢復徵收，對政府威信亦多損害，再則契稅手續繁複，際茲政府力求簡化稅法之下，亦不宜因此影響民眾納稅情緒。因建議省府勿予恢復。倘鄉鎮經費確有困難之處，省府盡可為之另覓財源。臺北市議會對此案亦有同樣表示。但省府悍然不顧，復以「本省土地雖經辦理登記，惟尚未徵收土地增值稅」為理由，竟通飭於四十一年二月五日恢復開徵。嗣雖經本會迭次表示反對，吳國楨均置若罔聞。如此作風，而尚高談民主，未免令人齒冷。

（七）屠宰稅課徵標準案

查本省各縣市屠宰稅徵收細則第六條，對於牲畜重量原以「豬」按每頭七十五公斤為課稅標準，吳國楨主持下之省府乃於四十一年一月本會成立之初，將該項徵收細則修正為「豬」按每頭九十公斤計算，送會審議。本會第一屆第二次大會開會時，吳國楨並以含糊說明，使各議員誤解以九十公斤為起徵點，遂於同次大會第九次議會予以通過，省府經於同年二月十五日公佈實施，比本會發現此項修正與事實不合（依據農業統計民國三十年至四十年十年來毛豬平均重量為七十二公斤餘），且增加人民負擔，於同次大會第十三次會議決議：「豬每隻以平均七十五公斤計算課徵」。送請省政府辦理，而本省各縣市議會得悉，亦多作同樣表示。但省政府既不肯接納民意，重加修正。復以屠宰稅為地方財源，嗾使各縣市長以地方財政困難，要求維護以九十公斤為徵收標準。嗣本會於四十一年十二月第三次大會時，研議折衷辦法，經第十八次會議決議將該細則第六條修改為：「牲畜重量計算標準，由各縣市政府分別擬訂提經縣市議會決議報請省政府核定。」惟省政府迄未依照上項修正案執行，亦未依法再送本會覆議，遂仍以「豬」按每頭九十公斤計算課徵。似此初則欺蒙民意機關，繼則蔑視民意，而尚大吹民主，其能自圓其說乎？

抑又有言者：當契稅案及屠宰稅案本會正與省府發生糾紛時，前財政廳長任顯群奉命邀請各縣市長正副議長來向本會要脅，須照省府徵稅之意見通過，但本會不為所動，堅持原有之立場，彼於是思利用立法院以為之助，遂又發動鄉鎮民代表會到立法院請願，立法院亦洞燭其陰謀，不受其欺，立法委員劉振東先生曾報告云：此項請願之鄉鎮民代表，係由省府以書面請來，希望政府以後勿再發動民眾逕向本院（立法院）有所陳請。此種一方脅迫本會，一方發動鄉鎮民代表請願，不但破壞了民主政治，亦乃破壞自治制度，苟非別有懷抱者，孰肯為之！

舉一可以反三，由上述各項事例中，即可充份瞭解吳國楨本人主台期間之作風，是否夠上民主。反之真正證明其蔑視民意，破壞法治，為一獨斷主義之實行者。彼口中之所謂民主，不過為其欺世盜名之煙幕，用以掩飾罪行，在明眼者觀之，適足自暴其醜，自揚其惡而已。

七、政府處理吳案經過

政府對吳國楨案之處理，似有張惶失措之感。先則希望息事寧人，繼之動員輿論攻擊，終則循胡適之的建議而停止攻擊。胡氏認為吳國楨在美國並無新聞價值，他的言論不會引起美國人的注意，如政府根本不重視其言行，不予置理，移時即如李宗仁之下場一樣，無人理睬，今則動員全臺灣黨政軍民，對吳圍剿，反而提高其身價。——胡氏的識見果然於事後證驗了。

在整個事件發展中，行政院長陳誠的態度，最值得注意。例如二月十二日立法委員李鈺質詢：「前任臺灣省主席現行政院政務委員吳國楨，現在美國，最近曾在國內報紙上刊登廣告。他既未負任何公務使命，為何出國？為何久不歸來？」陳誠院長答覆：「吳政務委員國楨請假赴美醫病，假期屆滿後，經呈准續假。最近吳委員來函，以一時暫難歸國，請准予辭去政務委員職務。政府擬予慰留，並促請吳委員早日歸國。」

二十六日立法委員余凌雲質詢：「吳國楨在美國做公開演講，收取費用，久假不歸，而各方流言傳聞，吳國楨又有套取外匯嫌疑，是否屬實。」陳誠即席予以解答稱：「關於吳政務委員辭職事，上次李委員鈺質詢時，本人已有簡單答覆，惟余委員提到吳政務委員在報紙所刊啟事中所提及之某案，並提及結匯套匯問題，本人茲藉此機會鄭重聲明，即所謂某案根本無結匯套匯情事，自然吳政務委員亦根本無結匯套匯情事。」

觀此時陳誠的態度，因其素與吳國楨不睦，不欲予人已「挾嫌報復」之印象，故一方面表示對吳慰留，一方面否認其有結匯套匯情事。此所謂「某案」，當係指王世杰免職案而言。同日張道藩質詢，追問有關吳國楨案如何處理時，行政院副院長張厲生則答：「行政院吳政務委員到美國之後，雖曾表示辭職，但尚未經批准，依政治的責任及政治道德言，絕對不應該發表有背國家利益的言論，今吳氏既然出此，其辭職當予以照准。」

此為對吳國楨案處理的第一階段。

吳國楨〈上國民大會書〉發表後，當日最高法院檢察長趙琛手令臺灣高檢處云：「前臺灣省主席吳國楨致函國民大會，詆毀政府，傳佈不實消息，動搖人心，並為有利於匪黨之宣傳，實有觸犯懲治叛亂條例第六條及第七條之罪嫌。又據密告，認為吳國楨於省府主席任內，有貪污嫌疑，應一併依法進行嚴密偵查。」國民大會代表亦提議請政府「吊銷吳之護照，限令回國，徹查劣跡。」臺灣省議會亦調查吳在任時之劣跡，並授權正副議長發表。

三月十七日，國民代表大會通過請政府（一）明令撤免吳國楨政務委員職務。（二）徹查吳在省主席任內之各種不法行為，依法究辦。（三）飭令吳迅即回國，歸候查辦。

是日總統發佈命令對吳國楨撤職查辦。原令云：「據行政院呈：本院政務委員吳國楨，於去年五月間藉病請假赴美，托故不歸。自本年二月以來，竟連續散播荒誕謠諑，多方詆毀政府，企圖淆亂國際視聽，破壞反攻復國大計，擬請予已撤職處分。另據各方報告，該員前在臺灣省主席任內多有違法與瀆職之處，自應一併依法查明究辦。請鑒核明令示遵等情。查該吳國楨，歷任政府高級官吏，負重要職責者二十餘年，乃出國甫及數月，即背叛國家，誣衊政府，妄圖分化國軍，離間人民、政府及僑胞與祖國之關係，居心叵測，罪跡顯著，應即將所任行政院政務委員一職，予以撤免，以振綱紀。至所報吳國楨，前在臺灣省政府主席任內，違法瀆職情事，並應依法徹查究辦。此令。」同時中國國民黨中常會亦通過開除吳國楨之黨籍。

八、吳案中的幾個插曲

（一）為吳國楨致函中央通訊社，指控對他「惡意宣傳」並要求賠償名譽損傷費美金二百萬元，以四分之三「歸還美國政府」。中央社社長曾虛白於三月二十九日說明真相。茲錄其原稿如左：

曾虛白代表中央社答覆暨吳國楨致中央社原函

【中央社訊】中央通訊社總社廿八日接到中央社紐約分社轉到吳國楨三月廿日致該分社信一件，指責中央社向臺灣及華僑報紙發播對他「有組織的惡意宣傳」。信內附有致蔣總統函一件，要求中央社紐約分社發回總社發表。並稱，如中央社拒絕履行，彼即將控告中央社毀損其名譽，要求賠償損失二百萬美元云云。又據中央社紐約分社三月二十四日來電：吳國楨業於三月廿三日此函未送達前，將其全文在美發表。中央通訊社社長曾虛白於三月廿八日接獲上述來函後，認為吳氏一再使用此類嚇詐要脅之手腕，暴露其畏罪惶悚，黔驢技窮之窘態，不值予以注意。惟其詆毀中央社之處，則有說明真相，俾世周知之必要。

茲列舉聲明如下：

一、本社駐美各辦事處之工作，純係採訪，並不在美發稿。故此次中央社報導吳案有關之新聞，在美所發各稿，概應由總社完全負責。

二、本社總社所發各稿，均係事實之報導，如其事實為吳國楨所不喜，則總社報導自亦無從取悅吳國楨。國民大會對吳函之反應，即為吳所不喜，此後自由中國有關吳國楨過去罪行，行政的及司法的措施，以及輿論之反映，將無一為吳國楨所喜者。則中央社對於此種事實之報導，必將為吳國楨所不喜甚明。

三、推測吳氏之目的，期毀壞中央社忠實報導之信譽，以為此後中央社繼續報導其違法瀆職實際真相時預作部署。想中央社三十年來忠實報導之記錄，已在國際間樹立基礎，決不致受其影響。惟讕言譭謗，應有國法制裁，中央社仍將保留依法控訴吳國楨誹謗罪行之權利。

四、中央社總社現在臺北，本人負該社之全責，決不擅離職守。如吳氏尚未否認其為中華民國之國民，而並無嚇詐要脅之動機，確有控告中央社之意，中央社願盡忠告，歡迎其返國涉訟，在國法之前，求是非曲直之判別，勿再挾外自重，徒增國人之唾棄。

尤有進者，吳函所稱「要求中央社賠償名譽損失兩百萬元美金」，如果取得該款，「除訴訟必需費用外，餘款四分之三將歸還美國政府」云云，豈其私人對美國政府欠有債務，欲取償於本社，抑欲對美國政府有所捐贈，藉詐取本社以達其目的？至其所云「以華僑一千三百萬及臺灣八百五十萬人計，本應超過此數，姑從寬以二百萬元計算」云云，有類庚子賠款以人頭計算方式，是否強迫本社向臺灣及僑外同胞每人攤派一角，湊合繳納之意？凡此各點，皆希望吳國楨公開詳加答覆，俾釋羣疑。

吳國楨致中央社函

【中央社三月二十四日紐約航訊】中央社紐約分社今日接獲中華民國駐紐約總領事館轉來吳國楨自伊利諾州伊文斯頓城喬治亞酒店寄發函一件，原文如下：

敬啟者：查日來貴社在臺灣及海外各處散播臺灣方面有組織的對楨之惡意宣傳，茲謹將楨於本日上蔣總統函一件；抄送貴社，即請貴社轉送總社及各分社、各辦事處照樣發表。如貴社不允照辦，則當依法控訴，要求賠償名譽損失二百萬元美金（以華僑一千三百萬及臺灣八百五十萬人計，本應超過此數，姑從寬以二百萬元計算）。楨得此款後，除訴訟必需費用外，餘款四分之三將歸還美國政府，其餘四分之一則捐由在美僑胞，共同組織基金保管委員會，作為救濟流亡中國知識青年之用，楨決不取分文。此函並限於本月二十五日以前答覆。否則即進行法律手續，此致

中央社紐約辦事處（中華民國駐紐約總領事館轉交）

吳國楨啟　三月二十日

（二）為吳國楨之子吳修璜出國問題。吳國楨曾宣稱政府將其子作為「人質」，扣留臺灣。這自然是虛構事實。因吳子此時正在臺北建國中學讀書，具有役男身份，按照法令，不服兵役，不能出國，但經吳之誣指後，竟以「合於法令」及「打破人質讕言」等說辭，允其於七月十八日

出國，實已超出法令範圍之外。由下列新聞，可見政府委曲求全的苦心，新聞載於四十三年六月十八日《中央日報》：

吳國楨及其子護照
沈昌煥釋核發經過

【本報訊】外交部政務次長沈昌煥，昨天（十七日）說明外部核發吳國楨及其子修璜護照經過，指出吳本人初以政務委員身份持公務護照出國，繼因撤職，改發普通護照，至其子則係發給眷屬護照，所有申請及核發程式，均照護照條例及其施行細則辦理，並無特殊待遇。沈次長並聲明稱：任何國民如依照上述條例及細則向主管官署提出核發護照申請，經核對合於規定，外部均將依法發給。

沈次長的上述聲明，是在列席立法院會議時，用以答覆立委楊覺天、陳桂清的質詢。楊委員最先提出質疑，指出吳初持公務護照出國，繼因發表荒謬言論，經政府下令撤職查辦。他詢問政府：（一）吳國楨的護照是否有効？（二）吳國楨的國外居住是否合法？（三）為什麼根據一種似是而非理由讓吳修璜得以出國？

沈次長答覆說，吳國楨出國時，係以政務委員身份，經申請發給公務護照，其後，吳因發表荒謬言論，詆毀政府，經政府下令撤職查辦，至此，吳因失去官員身份，乃向居留地的美國芝加哥我總領事館申請改發普通護照，此一申請經總領事館轉呈外交部核示，外部乃依法准予改發普通護照。至吳子修璜核發經過是：三月初，吳國楨在美宣傳，指責政府扣留其子修璜，作為人質，其實，在當時吳子並未向外交部作出國的申請。惟當時政府為說明事實經過，曾由新聞局發表聲明，指出凡國民要求出國，必須依照護照條例及其施行細則申請護照，在法律之前，人人平等。五月初，吳子至外部提出具體證件，辦理出國手續。依照護照條例施行細則第九條第十七款末段規定，除留學生不得攜眷出國外，其餘申請出國人員在國外居留二年以上，均得核發眷屬護照。經查吳國楨擔任芝加哥論壇報編輯，合約三年，吳修璜現年十六歲，為其未成年眷屬，故吳修璜的申請，合於上述規定，乃核發護照，聽其出國。

陳委員繼起質詢時，對於沈次長說明表示不滿，他指出在吳國楨反動叛國後，為什麼不吊銷他的護照？為什麼還改給他以普通護照？

對於這個問題，沈次長回答說：普通護照在性質上只是國民在國外的國籍證明書，每一國國民有好的，有壞的，有守法的，有犯法的；但要一個國家取銷一個在外的國民國籍，卻沒有這個規定。陳委員質詢為什麼不吊銷吳的護照，勒令他回國？這問題相當複雜，牽涉到國與國間的條約，而且還需要外交上的交涉，事實上，並不是吊銷護照就能夠叫他回國的。

（三）吳國楨在美國《展望雜誌》，刊載詆毀我國政府文章，謂「美國金錢在臺灣建立警察國家」，我駐美大使館及紐約中國民氣報均曾投書展望雜誌加以駁斥。七月三十日「中央社」發自美國的電訊如下：

陳之邁公使駁斥
吳國楨在美謬論

【中央社訊】新聞局息：自美國展望雜誌於本年六月廿九日刊載吳國楨之謬論後，各方對吳反響甚惡。展望雜誌八月十日號已註銷我國駐美大使館之駁斥函一件。聞美國前駐蘇聯大使蒲立德氏，將於下期展望雜誌發表駁斥吳國楨之長文一篇。茲先將該雜誌已刊載之我國駐美大使館駁斥函全文議志如下：

本年六月廿九日貴刊載有〈美國金錢在臺灣建立一警察國〉一文。吾人最感遺憾者，即曾任我國臺灣省主席之吳國楨，竟利用美國所給予之優待，以供其私人洩憤之用也。該文可稱黑白分明。當吳本人在職時，一切皆白，在彼去職後，則一切皆黑。

吳國楨指控之一點，為美國國民業已受騙繼續以軍援經援資助自由中國，致在臺灣造成一警察國……「實則此類美援之運用，無時不在美國駐台安全分署及軍事顧問團嚴密監察之下，定期而詳細的報告，常經由美國國會而轉知其人民。吳國楨暗示美國政府業已欺瞞其人民，又自以為唯彼一人，為能適當處理美援者，此種表示，適足以暴露其無聊的政治野心，及為以求遂達此野心而不惜採用之魯莽手段。吳指控之又一點，為中國國民黨一黨專政。此亦與事實不符，蓋歷次公民自由選舉中，其它政黨候選人不能擊敗國民黨之候選人而代之，顯非國民黨之過失。」

臺灣現既處於反共最前線，有時不得不採取特殊措施，防止共匪之滲透與破壞，乃屬事理之常，而決非警察國也。吳國楨文中所述與美國許多重要人士如史蒂文生、杜威、史巴克曼等在台實地考察觀感所及者，無不恰相反背。

至吳稱其子歷時一載，始克領到赴美護照一點，亦殊不確。案查吳子正式申請護照之日為民國四十三年五月四日，……而護照之頒發則在同月十五日，相距不過十一日。……

中華民國駐美大使館陳之邁啟

又同期展望雜誌註銷紐約華僑所辦之民氣報社長聲斥吳國楨一函，並誌其原文如下：

……政客之流亞，每喜以其個人之浮沉與國家之隆替混為一談。吳國楨之戲劇化表演即一明證。「不久以前，吳曾告知此間人士稱：臺灣各方面均有進步，政治日趨民主，一切步入正軌。而今為時幾何，又告吾人謂臺灣百事皆非。吾等在美僑胞深覺吳氏此次在美所演出之醜態，無論對彼本人，或對彼自命一向擁護之民主作風，均無是處。」

紐約中國民氣報社長紀公逸（譯名）啟

陶希聖「兩把刀打到底」指吳、任操縱拋售黃金

（四）吳案發生後，立法委員陶希聖於四十三年十月二十六日於立法院質詢時，曾請政府追查吳國楨、任顯羣拋售黃金案。謂吳國楨在臺灣省主席任內，於民國三十九年十二月十九日至二十一日，與當時財政廳長任顯羣勾結，指使銀樓業公會理事長賴長生，將臺灣銀行儲金拋空，激起金鈔暴漲，物價飛騰。事發後，賴長生被保安司令部逮捕，因案情複雜，從未公佈真相。陶希聖先曾撰文「兩把刀，打到底」，其意即一對吳，一對任。陶文發表後，任顯羣時已離職做律師，曾在聯合報登一文章，辭頗鋒利，後且在法院互控誹謗。是非曲直，自非局外人所能瞭解。陶氏的質詢，當亦「兩把刀」之試鋒，可以作為歷史檔看。茲錄其要點如下：

（上略）

第二、吳國楨、任顯羣對此次拋金案，應負之刑事上責任如何？質言之，當時金價暴

漲以及賴長生提高牌價，皆出於吳國楨、任顯羣之操縱與指使是也。今先指出兩個事實：

（1）賴長生等四家承拋黃金之中，有三千五百八十五兩被人囤積，並未拋到市場。此一事實業經地方法院對賴長生等判決書認定。

（2）拋金原為平抑金價，然事實上拋金方法竟於金價緩漲之中，促其暴漲，此一事實，亦經該判決書認定。

上述兩個事實既已認定，則其必須追問者，此三千五百八十五兩囤積者為誰乎，操縱金價以取暴利者又為誰乎？以本席所知，賴長生等在保安司令部原始供詞中，曾完全供出，若依此原始供詞而推求之，其事實乃如下述：

（1）當時任顯羣為台銀董事長，瞿荊洲為其總經理，在此次拋金以前，賴長生以臺北市銀樓同業公會理事長地位，曾受任顯羣等委託，為台銀拋售美金，其初所送回扣為每元五分，其後改為每元二分五。至三十九年十二月十九日，任顯羣在台銀總經理室，委託賴長生拋出黃金，當面許其將所賺利益歸己所有，並不收取回扣，而以吳國楨、任顯羣等自己各買黃金若干為條件。其後四家銀樓虛報未拋之黃金三千五百八十五兩（金瑞山一家為一千三百八十五兩）即為吳國楨、任顯羣等以每兩四百八十九元之價格，瓜分購進之數。其中以吳國楨為最多，任顯羣次之，此其一。

（2）十二月二十七日，任顯羣在瞿荊洲住宅接見賴長生，告以台銀從今日起停止拋售，以後金價必漲，必須提高牌價，賴長生以為可提高至五百五十元，任顯羣定要提高至六百五十元。賴長生受其指使之後，乃於二十七日及二十八日大量進貨，至二十九日遽增牌價為六百二十元之巨，此其二。

賴常生於四十年四月十四日所供出之情節，實為拋金全案之關鍵。當時格於吳國楨之阻止，竟未能循此窮追。今日國家綱紀如存，自應續行察究，相信其情節與佐證，必將有重大之進展，使吳國楨、任顯羣操縱金融以取暴利之刑事責任，得以大白於天下。（下略）

胡適發表給吳國楨長信
保安司令無權純屬謊言

（五）八月三日，旅居美國的胡適發表吳國楨一封長信，其中一段說：

你說：「但是我對（軍事法庭）那些審判不能講話。」而你卻不告訴你的美國朋友們和讀者們，你曾經有三年半的時間兼任「臺灣保安司令部司令」，而所有在「國家非常時期法令」及「貨幣法規」之下送審的案件，都只是送到保安司令部的軍事法庭。ABMAC的加賽德先生在他對你文章的「分折」中指出：「吳國楨作臺灣省主席的那幾年，他也是保安部隊的總司令」（那支力量就是他所描繪為所謂警察國家的核心力量），完全有權負責。」而你在對此作答覆的時侯就發表了一個更加有意的誑語：「我被任命為保安司令，當時的條件是要我把我的圖章交給副司令，而我不得做任何事干涉他的行為。」假如實情如此，你應該被責判為一個道義的懦夫，而仍應對你的副手的錯誤與劣行負起道義的責任——理由很簡單，因為你把你的圖章交給他並且答應（或者說接受「條件」）你「不得做任何事干涉他的行為。」

可是實情並非如此。在至少二百六十九件判決書上，我曾經不僅看見你的官印，也看見你親筆簽名（你的名字「楨」字）。這都是你的軍事法庭所擬訂的判決草案，呈請你與你的副司令最後批准。

這二百六十九件判決書表示，軍事法庭所擬訂的判決，必須經你和你副手批准，你怎麼能對全世界說你「那些審判不能講話」？

就連你自己在Look的文章中所說的話，也對你的「否認有權有責」提出反證。你在文章中說你「時常使這些犯人被釋放」（第四十二頁），又說在臺灣火柴公司總經理案件中，你先「下令加以釋放，因為所控證據不足」，而到後來你「抗議該項拘捕不合法且不公道」，因而得以將他的死刑減為「七年徒刑」。由此看來，你那時的確擁有那種力量與權威，只要你能鼓起勇氣去使用它。

你給加賽德先生的信中說：「我常常連檔案都看不到。胡適博士自己就知道有這樣一樁案件。」你所指的是我在一九五一年八月十一日那一天之內連著給你寫了兩封強烈抗議信的那個案件：一直到兩年半之後──到今年三月──我才第一次從你的秘書長那裏聽說你曾告訴他沒有看到那一案件的檔案；而在我們四月間會晤時你自己證實了他這一陳述。你知不知道當你在一九五四年四月十七日深夜告訴我這件事時我心裡怎麼想？我那時對自己說：「我有這位W先生的全部檔案，並且仔細研究過它。W先生是一九五一年六月十八日被捕，扣在保安司令部的拘留所六十七天不准保釋。我在八月十一日給你寫了兩封信。你在八月二十三日給了我一封很短的信。許多天後，我讀到那判決書，它的日期是八月七日──比我寫信的日子早四天，比你下令釋放他的日子早十五天！對於偉大的吳國楨，『法治民主』的宣導者，這是多麼漂亮的檔案」！「連檔案也看不到」是一種侮辱，足以指證你是一個無道德可言的人，對於以你自己的名，使用你的圖章，並且往往（雖或不是經常）由你親筆簽名所做出的許多錯事和冤枉事毫不在意。

贅語

以上所彙輯者，均係吳案發生後的新聞資料，希能有助於讀者對案情的瞭解。吳國楨有無套匯情事及貪污行為，政府有無吳某所指摘的缺失，以及政府在處理吳案時是否允當無誤，今日人事全非，已難根究。然前事不忘，後事之師，當可作為歷史經驗教訓看待。所謂「政通人和」是互為因果的，能通則和，能和必通。吳國楨在政府位居要津二十餘年，政府若有缺失，他也應負若干責任。政府用人行政，應求其清，求其忠，求其「行己有恥」，而非求其足恭卑順。像吳國楨這樣，一旦失意，則反目指詈，究竟是他不清不忠呢？還是過求其足恭卑順而激變？二者必居其一。往者已矣。歷史是一面鏡子，可以鑒人，也可以鑒己，希望今後不要再有類似的案情發生，則國家幸甚！

吳國楨事件發展中的平議

朱啟葆

二月廿六日立法院院長張道藩第一次以立法委員的身份在院會中向行政院行使其質詢權，對於尚掛著政務委員頭銜的吳國楨在國外的言論提出質詢（詳見二月廿七日臺北各報），接著吳國楨又於廿七日在國外有所申辯（詳見廿七日芝加哥合眾社電及廿八日紐約中央社電），本月四日張道藩又招待中外記者對於吳案加以補充的陳述，同時對於吳國楨有更嚴厲的抨擊。這件事在我寫這篇文字的時候（三月八日）尚在發展中。現在就我所看到的材料，從民主憲政的觀點出發，一述觀感。

一、關於吳國楨方面者

①吳國楨原為行政院政務委員兼任臺灣省政府主席。他在辭去省府主席以前，請假辭職之事，屢有所聞。其內幕如何，我們未能詳細知道，但據若干傳說，不免或多或少有屬於政見之爭。即照張院長招待記者所說的，吳國楨曾反對耕者有其田政策，對於這個政策提出反對，即令是不對的，也不能不說是政事之見。因政見歧異而以去就爭，一般地說，為政治家應有的風度。吳國楨終於辭掉了省府主席，這正是「不合則去」，應無所謂「失意」。但是他辭去了省主席，而還掛著政務委員的頭銜，未免拖泥帶水。這種拖泥帶水，或許不是他的本意（他曾經五次請辭

政委之職而迄未獲准），但他不待辭去所有的官職而以現任政務委員的身份，在國難方殷之時，以個人健康的理由攜家帶眷，到外國去生活，有政治責任心的人，不應當出此。

②吳國楨以現任政委的身份，對於現政府的政策，不能說不負責任。政府「不民主」、「過於專權」、吳國楨有權有責在政府以內說話力爭。力爭不獲，不妨繼五次而來六次七次的辭職，至獲准去職為止，然後再將所力爭者公告於國人之前以見志，這才不失其為磊磊落落。但是他沒有這樣做。相反地、他以現任政委的身份，到國外去指摘政府。這是他最不能見諒於國人的地方。無怪乎「狂妄」、「反動」、「民主政客」、以及「非法」、「亂紀」這一類的責罵，都集中在他的身上了。

③吳國楨二月七日及十六日指摘政府的話，尚係空空洞洞的詞句，如「不民主」、「過於專權」、以及「若干人士竟認為與共產主義作戰必須採用共產主義的方法」等等。這些原屬空洞的詞句，現在一經張院長的質詢，吳國楨已申言要舉出事實以支持之。果如此，我們倒是歡迎的。但我們要強調一點，即吳氏如要舉出事實，最好是回國來向立法院公開作證，如同一九五一年五月間聯軍統帥麥克阿瑟將軍被罷黜後向美國國會作證一樣，正正堂堂地說出政見之爭何在，並確鑿鑿地指出我們政府有那些不民主的事實，有那些過於專權的地方，有那些人認為對共產主義作戰必須採用共產主義的方法……。這樣一來，即不說其效果之如何有利於政治民主，就憑這個作證的本身，也可使我國政治向民主前途跨進一大步。我們該還記得，當時麥克阿瑟在其國會作

證時所引起的「杜（杜魯門）麥大論戰」，是如何顯得民主國家的氣派吧！我們對吳國楨作如此希望，希望其回國作證，正可覘驗吳國楨的政治道德及其道德的勇氣。說到這裡，我要附帶向《自由中國》這個刊物致敬意。它是在政府統治下之臺灣境內爭取言論自由，在臺灣境內發表批評政府的言論。這種從不稍餒的勇氣是從事民主運動者的楷模。

二、關於張道藩方面者

立法院院長張道藩在院會中提出質詢案，這是他任院長職以來的第一次。據他自己說，他為想提出這個質詢，曾費三天三夜的考慮，同時他在提出這個質詢以前，還徵詢過大會的認可，可見他對這件事的審慎。但是我們仍有不得不為張院長深致惋惜者，有下列幾點：

①立法院院長以其立法委員的身份，是可以行使立法委員所享有的質詢權的，這在憲法上無問題。對於一個現任政務委員的言行，立法委員有權提出質詢，應該提出質詢，這也是無問題的。可是我們還應該知道，良好的憲政，不能僅靠憲法條文的實施，有時還要靠在憲法規定之外而不違憲的前提下，養成良好的憲政傳統。例如美國一九四七年以前的聯邦憲法，對於總統連任與否並無限制。但自華盛頓、傑斐遜兩總統均不主張連任三次以後，即造成總統不連任三次之良

好傳統。此一不成文的憲政傳統，直至第二次世界大戰時被羅斯福總統打破。後來美國人深怕此種傳統一經破壞，會影響民主政治的實質，於是於一九四七年由參眾兩院修改憲法，將「總統任期以滿足兩任為限」規定於憲法條文之中。此可見良好的憲政傳統對於憲政之重要。我國現值憲政實行的初期，良好的憲政傳統之養成，更為必要。立法院院長在院會中保持其超然的主席地位，不去行使一般立法委員所可行使的職權，是我們應該養成的良好傳統之一。英國下議院的議員，一經當選為議院議長以後，即不參加其原屬政黨的一切黨務活動（實際即脫離其政黨黨籍），而在議院中保持超然獨立的地位。美國眾議院的議長及參議院的臨時主席，雖各為各該院的議員，於法在院會中均有發言權，但實際上因黨中已有議院領袖及其他顯要議員主持討論、辯論或質詢，而議長或臨時主席亦不多發言。英美議會中這種傳統，是值得我們取法的。張院長在行使這第一次質詢權時，事前那麼審慎，或也有鑒及此。但他終於在權衡輕重之間，輕其所應重，忽視了良好憲政傳統之養成，放棄了他應該超然獨立的地位，實在是一件可惜的事件。我們如此說，其著眼點完全是在憲政傳統方面，並不是說吳案之不應質詢。其實，吳案如不被張院長質詢，其他立法委員也大可提出。而且其他立法委員提出其效力並不比院長提出為小。

②張院長的質詢，其內容由立法院新聞室發佈，刊載於報章的。其文字當與張院長當時所說的話沒有兩樣。我們細讀這篇文字，又不得不為張院長惋惜。不得不為一個作為民主國家的立法院院長惋惜。為甚麼呢？我想，凡是懂得「民主不僅是指政治制度，同時也包括生活方式，更重

要的還包括心理狀態。」的人，讀到張院長這篇質詢詞，有一定感覺到一股非民主的氣氛，揚溢在字裏行間。尤其，是被張院長使用的「危害國家」、「反動」等字眼，實在有點刺目。就我們所習知的，在民主國家中，對政府的批評、指摘、乃至於攻擊，不僅是常有的事，而且是必有的事。但民主的政府從未以「反動」的帽子，加在批評者，指摘者或攻擊者的頭上，至於人民代表機關的主席，更不會罵他們為「反動」。而且政府並不等於國家。批評政府的言論——也止於言論更說不上是「危害國家」。動不動給人帶上帽子，是共產黨型的政治作風，民主的政治技術，壓根兒沒有這一套。說到這裏，我要順便介紹最近的（二月二十日）臺北中華日報第六版及第七版刊登的張佛泉和蔣勻田兩先生的文章，尤其是張文中「我們必須肅清布爾什維克思想毒素」及蔣文中「意的牢結」那兩段，值得大家細心一讀。這是我們今天從事反共鬥爭時有益於思想健康的箴言。於此，我要奉勸民主的信仰者要特別注意民主的心理狀態之養成。

③張院長在三月四日的記者招待會上所說的那些話，如「私自濫發鈔票」、「私自拋空糧食」、「包庇貪污」、「營私舞弊」、「勾結奸商」、「謀取暴利」、以及吳住上海市市長時，「臨陣脫逃」、「上海市銀行的款項是否有一部份落入吳國楨的荷包？」等等，一方面涉及刑事問題，一方面也是涉及我政府的聲譽。涉及刑事問題者，不是可以隨隨便便講講，而是要對簿公庭的。涉及政府聲譽者，就是說吳國楨任上海市市長時是如此如此，政府遷臺以後為甚麼又要用這樣的人做臺省主席？吳在臺省主席任內即又如此如此，政府為什麼又讓他辭職了事，並且又讓

他出國去自由自在（臺省出入境不都是要經過審查核准發給出入境證的嗎？），等到他在國外發表批評政府的言論時，才去追究他那些劣跡呢？張院長這一番話，為的是要揭露吳國楨的劣跡，但同時也使國人對政府有一個很壞的印像，即使國人認為政府用人，違法亂紀者沒有關係，營私舞弊者沒有關係，有貪污嫌疑或包庇貪污者沒有關係，只要你恭恭順順；如果你要批評政府，發表於政府不利的言論，對不起，那就要查你過去的劣跡，以懲罰你的不恭不順了。國人如果對政府有這樣一個壞印像，豈不是大損我政府的聲譽嗎？張院長在指摘吳國楨「破壞中華民國政府的聲譽」的時候，不知道也想到這一方面沒有？

三、關於其他方面者

①前面我曾說到希望吳國楨為此事回國作證，並且說，這個希望正可覘驗吳國楨的政治道德及其道德的勇氣，現在想在這裏再補充一點。記得在英國工黨政府的時候（確實日期已忘記），保守黨的顯要人物艾登到美國，美國記者問他某一個問題（甚麼問題恕我也想不起了！），他的答覆是說，這是我國的內政問題，我將回國去講話，在美國我不願發表意見。（大意如此，見當時的臺北報紙）。反觀我國的政界，在國內謇謇諤諤轟轟烈烈作政見之爭者，似乎沒有；但一出

國門，帶著現任官職在外國批評政府，攻擊政府者已屢見不鮮，這究竟是只關某些個人的政治道德問題呢？還是我們的現實政治使然呢？照我想，兩方面的原因都有。至於那一個原因較大，那一個較小，是值得我們思索、反省、和糾正的。

②「牆有茨不可掃也」、「家醜不可外揚」、「不要當眾洗滌裹腳布」，這一套掩飾的想法，不適用於民主政治。民主政治最重要的條件是公開。是非公開、善惡公開、功過公開。吳國楨在外指摘政府的言論，遠在二月七日及十六日，美國有名的報紙且據以發表社論，但我們在臺灣的人，天天看報紙，卻要等到三月七日由於張院長的質詢才知道這回事。如果我們早一點知道，輿論界對於吳國楨的批評想已熱烈一時，用不著等到張院長這樣大聲疾呼，才引起官方刊物的同聲響應了。新聞封鎖政策之不智，於此又可想見一般。

「勿為親者所痛，仇者所快」，這句話是應該記取的。但是我們應該知道，這句話是警戒我們不要做那些為親者痛、仇者快的事，而不是要我們掩飾那些已做的事之真相。共產黨是我們的敵人，他要利用我們的弱點，擴大對我不利的宣傳，這是他的慣技，誰也不會不知道。正因為如此，我們更不要掩飾我們的弱點以便於弱點的擴大或加深。消滅毒菌的辦法，莫善於將毒菌置之於光天化日之下以免其發酵。

我們現行的新聞管制和給予言論自由的尺度，除關於軍事秘密者外，其目的是想做到家醜不外揚，但其實際結果，則是家醜無不外揚，而已揚的家醜，仍不許家人知道！其目的是想「不為親者所痛、仇者所快」，但其實際結果，則是使親者更痛，仇者更快！因此，我在這裏要鄭重地向政府提出一個建議，建議對於新聞政策及給予言論自由的尺度，重新加以明智的考慮。

民國四十三年三月八日於臺北

胡適與吳國楨殷海光的幾封信

陳宏正提供

編者按： 這裏發表的三封三十多年前的舊信，對於研究五十年代自由中國的自由與民主情況頗有參考價值。曾任臺灣省主席兼臺灣保安司令的吳國楨當時叛離國民黨陣營，到美國發表文章，攻擊國民黨專制，把臺灣弄成「警察國家」。時在美國講學的胡適之先生與他互相辯難；除公開發表的文字外，還曾交換私信討論。半年後殷海光先生（當時在哈佛大學講學）寫一長信給胡先生（遺憾地我們無法找到殷先生的原信），其中說，他讀吳氏批評臺灣的文章「如飲瓊漿」；胡先生回他一信，並把胡、吳來往信件的副本寄他參考。殷先生後來準備回臺灣時，恐怕帶著這三封信不方便，就寄給香港《祖國周刊》保存。到現在胡、吳、殷三先生均已作古。為了保存史料並供讀者參考，熱愛史學的陳宏正先生特提供給本刊重行發表。胡、吳來往二信，原係英文；譯文已經詳細的核對，不失原意。胡給殷的信則是中文。

《傳記文學》社

一、胡適給吳國楨的信

親愛的國楨：

當今年四月間我與你作差不多八小時的長談的時候，我曾經說：「吳國楨的毛病是他沒有政治感（political sense）。」

現在我不得不說：「國楨的毛病是他沒有常識（common sense），而在若干情況下他缺乏道德感（moral sense）。」

你在Look雜誌那篇文章是六月十三日出版的，那時梅貽琦校長和我正在New Haven何廉先生家裏作客。那天晚上我們要到耶魯大學在慶祝第一個中國留學生由耶魯畢業一百週年紀念會上講話。何先生把你的文章交給我們看。你的母校校長發覺它不真實到令人厭惡的程度，以致他根本讀不下去。第二個星期我拿起來讀，而我也發覺不可能讀下去。

幾星期之後，許多朋友要我對你在Look文章加以評論。其中有的朋友，比如加賽德先生（Mr. Garside）和范斯萊克博士（Dr. Van Slyke），曾經寫信給你，而你回信要他們就你文章中某些點向我諮詢。所以我不得不讀它，並對它評論。

我很驚異於你所作的許多項存心說誑，用來欺騙美國的民眾！並且用來侮蔑你自己的國家和你自己的政府；而它的每件錯誤與劣行（misdeed），你都不能逃避一份道義責任，正因為在你當權時從不曾有道義勇氣講出來！

第一項存心說誑：你說：「既然臺灣被宣佈處於緊急狀態（under a state of siege），任何性質的一切案件（註：原信有旁線）都送到軍事法庭審判。」你和我都很明白，這些年來從來沒有一段時間是「任何性質的一切案件」都送到軍事法庭審判。在「國家非常時期法令」（National Emergency Law）第八條規定之下，最大數目是那列舉的十類罪名，到一九五一年四月又加上「非常時期貨幣法規」（Emergency Currency Regulations）之下規定的三類罪名。而你也很明白，到一九五一年十月時，這數目已大為減少，到一九五二年六月一日以後更已經急劇減少。你為什麼要講出這種毫無根據的誑言，作為你全篇文章的基礎？

第二項存心說誑：你說：「但是我對（軍事法庭）那些審判不能講話（had no say）。」而你卻不告訴你的美國朋友們和讀者們，你曾經有三年半的時間兼任「臺灣保安司令部司令」，而所有在「國家非常時期法令」及「貨幣法規」之下送審的案件都是只送到保安司令部的軍事法庭。ABMAC的加賽德先生在他對你文章的「分析」中指出：「在吳國楨作臺灣省主席的那幾年，他也是保安部隊的總司令（那支力量就是他所描繪為所謂警察國家的核心力量），完全有權有責。」而你在對此作答覆的時候就發表了一個更加有意的誑言：「我被任命為保安司令，當時的條件是要我把我的圖章交給副司令，而我不得做任何事干涉他的行政。」假如實情如此，你應該被責判（condemn）為一個道義的儒夫，而仍應對你的副手的錯誤與劣行負起道義責任——理由很簡單，因為你把你的圖章交給他並且答應（或者說接受「條件」）你「不得做任何事干涉他的行政。」

可是實情並非如此。在至少二百六十九件判決書上，我曾經不僅看見你的官印，也看見你親筆簽名（你的名字「楨」字）。這都是你的軍事法庭所擬訂的判決草案，呈請你與你的副司令最後批准。這二百六十九件判決案，包括四十八件死刑、十五件無期徒刑、一百八十六件有期徒刑、八件有期感化、九件釋放和一件撤銷案件，四十八件死刑之一是對你自己同學和朋友、前任臺灣糖業公司總經理沈鎮南（Shen Chen-Nan），下的死刑判決。你在這些判決書的簽名後面，還親筆註上日期。這些日期從（一九五〇）「五月二十六日」到（一九五三）「一月十日」。我要不要寄給你幾張這些你簽發的判決書的影印副本？

這二百六十九件判決書表示，軍事法庭所擬訂的判決，必須經你和你副手的批准；你怎麼能對全世界說你「對那些審判不能講話」？

就連你自己在Look的文章中所說的話，也對你的「否認有責有權」提出反證。你在文章中說你「時常使這些犯人被釋放」（第四十二頁），又說在臺灣火柴公司總經理案件中，你先「下令加以釋放，因為所控證據不足」，而到後來你「抗議該項拘捕不合法且不公道」，因而得以將他的死刑減為「七年徒刑」。由此看來，你那時的確擁有那種力量與權威，只要你能鼓起勇氣去使用它。

你給加賽德先生的信中說：「我常常連檔案都看不到。胡適博士自己就知道有這樣一宗案件。」你所指的是我在一九五一年八月十一日那一天之內連著給你寫了兩封強烈抗議信的那個案件。一直到兩年半之後——到今年三月——我才第一次從你的秘書長（秘書長係指浦薛鳳）那裡聽說你曾告訴他沒有看到那一案件的檔案；而在我們四月間會晤時你自己證實了他這一陳述。不知道當你在一九五四年四月十七日深夜告訴我這件事時我心裡怎樣想？我那時對自己說：「我有這位W先生案件的全部檔案，並且仔細研究過它。W先生是一九五一年六月十八日被捕，扣在保安司令部的拘留所六十七天不准保釋。我在八月十一日給你寫了兩封信。你在八月二十三日給了我一封很短的信。許多天後，我讀到那判決書，它的日期是八月七日——比我寫信的日子早四天，比你下令釋放他的日子早十五天！對於偉大的吳國楨，『法治民主』的倡導者，這是多麼漂亮的檔案！」「連檔案也看不到」是一種侮辱，足以指證你是一個無道德可言的人，對於以你自己的名、使用你的圖章、並且往往（雖或不是經常）由你親筆簽名所做出的許多錯事和冤枉事毫不在意。

第三項存心說誑：你說臺灣是一個警察國家，證據之一就是「青年團」；你說它是「依照希特勒青年團和共青團的模型建立的」。然而你自己對這個青年團就描寫說：「於是經國組織了他的青年團。他命令所有教職員成為其幹部（officers），所有學生登記為團員。現在我們有了一個赤色的希特勒青年團。」（你在Look文章的第四十四頁）

好了，我親愛的國楨，你有沒有聽說過一個希特勒或者一個斯大林如此愚蠢，以致搞出一個希特勒青年團或者共青團吸收了「所有學生」作團員，並吸收了「所有教職員」作幹部？你知不知道希特勒青年團和共青團向來都是最具有排他性、秘密性和「天之驕子」（elite）性質的？你是真的無知，所以誠懇地認為臺灣那種「無所不包」的遊行呼口號的青年團就是「一個赤色的希特勒青年團」嗎？還是存心說誑，以欺騙你的美國讀者呢？

這些話出自一個朋友之口實在很嚴厲。我不得不寫出這些話並寄給你，使我非常痛心。

你的非常誠懇的朋友　胡適

一九五四年八月三日

紐約東八十一街一〇四號

二、吳國楨覆給胡適的信

親愛的胡博士：

收到你本月三日的信。我很高興你把控訴提了出來。因為一旦事情公開了，就可以加以討論，求得真相。

你說的「吳國楨的毛病是他沒有政治感」，我完全同意。我甚至進一步說我同意你所說「國楨的毛病是他沒有常識，而在若干情況下他缺乏道德感。」

我後悔的是我在過去許多次向道德考慮以外的其他影響力屈服。正因為如此，所以我現在決定只根據道德考慮從事，不顧其他。如果我過去犯了錯誤，那因為我以前太軟弱。而我的確現在正努力不再軟弱。我並不想表白自己。可是，儘管你提出了控訴，我到目前為止所公開說的話恐怕只是實情。

第一點，關於我所告訴加賽德先生的有關我擔任保安司令的事實。正如你所指出，這些事實對我並不光彩。但是這些事實是絕對真實的。當時知道這些條件的有委員長（the Gimo）、蔣經國、陳誠、彭孟緝和王世杰。如果你和王世杰談一下，你就會找出事實。我一直後悔當時在那種條件之下接受那任命。我甚至可以被指在當時缺乏道義勇氣。可是不論怎樣，事情是真實如此。

第二點，關於我所說「既然臺灣被宣佈處於緊急狀態，任何性質的一切案件都送到軍事法庭審判」，這話是相當正確的。誠然，在「國家非常時期法令」第八條之下，最大數目是那列舉的十項罪名，而到一九五一年四月又加上「非常時期貨幣法規」之下規定的三項罪名。但是軍事法庭所處理的案件果真只限於這些類案件嗎？不，甚至連違犯交通法都有時交由軍事法庭來管。而新聞記者們更常常因為他們的所謂「錯誤」報導而被保安司令部加以逮捕。既然你好像對保安司令部的檔案很熟悉，你為什麼不也查一查這方面的情形？

你知不知道何以從一九五一年十月以來，以及一九五二年六月一日以後，案件的數量大為減少？那是因為我不斷要求改革。我要求把軍法從事的案件限於兩類——共產主義與間諜；而且我也要求讓被告人能有法律顧問。當我以去就力爭的時候，這些建議終於在經過一些修改之後被採納了。那時委員長（指蔣總統）聽取了我的意見，而我對民主化之可能性感到很大希望。但是我很快就發覺了情況的真相。在我寫給Look雜誌的那篇文章裏，本來把這件事講得更充份，包括所有這些事實。可是編輯把它們刪去了，我事先不知道。你可以從Look的編輯那裏取得這一點的證實。

第三點，不錯，保安司令部軍事法庭有一些案件上是有我的簽名。經過我不斷要求之後，這些案件才交到我手裡。在我所簽名的那些案件中，我是批准了那些判決。對於我所沒有簽名的案件，我則不能負其責任。你既然有這些材料，為什麼你不要求看保安司令部的全部檔案？那樣你就會發現有多少百分比的案件是交到我手裡的。

第四點，那麼你會問為什麼我不要求覆核所有的案件。事實對我並無光彩。我每次要求覆核一個案件，就是對秘密警察進行一次戰鬥。我不僅沒有那樣多的時間，我也真缺乏道義勇氣堅持到底在那時與委員長和經國公開決裂。謝天謝地，我現在已經認清過去的錯誤；而只要上天保佑，我將暴露出更多的這種事情。

第五點，關於你的親戚王先生的案子。你的敘述恰能指出情況的真相。在你把那案子提出給我注意之前，我根本不知道它。那些人的被捕我並不知情。收到你一九五一年八月十一日的信以後，我立即透過我的秘書長要求調閱檔案。經過省主席辦公室的一再要求，經過了好幾天的時間，保安司令部最後才給我那些檔案。這件事不僅我的秘書長知道，連你的好朋友前任教育部長陳雪屏先生也知道。

假如在四月間你和我談話時你已經知道了有關檔案的這許多事，你當時為什麼不向我提出你現在所提的這個問題？

還有，關於你親戚的案子，為什麼你那時寫信給我的時候，同時也寫信給蔣經國提到這案子？這表示你一直知道是蔣經國在實際控制保安司令部。【註】

第六點，還有一項事實我希望你知道。保安司令部的軍事法庭並沒有最後權威。它的案子都還要經過國防部軍事法庭的覆核；而國防部軍事法庭，看來也許奇怪，向來是由委員長和經國直接控制的。

第七點，關於青年團。正如你所說，事實上除了所有師生被迫入團以外，另外還有一個特別的秘密的「天之驕子」集團。

如果你還有其他的事情要問我，我將樂於回答。如果你曾將你信上所寫的那些告訴別的人，那麼請把我說的這些事實，或者就把我這封信也讀給他們聽，這樣才公道。

我很抱歉要與一個朋友持不同看法。但是照我看，你是聽了一面之詞。我相信你有足夠開濶的胸襟能聽取雙方的話。

你的誠懇的朋友　吳國楨
一九五四年八月七日
伊利諾州伊凡斯敦城
威斯利道一三一五號

【註】胡適注：此問最可表示此人之存心說誑。我原信是鉛筆複寫紙三份，寫給「國楨、經國、雪屏」三人，信中並明說，我不知「軍法處」是否亦歸「保安司令部」統轄。（譯者按：此註由胡先生用中文寫在吳氏英文信的副本上；大概是寫給殷海光先生看的。）

三、胡適給殷海光的信

海光先生：

謝謝你二月十一日的長信。

你肯對我說這樣「直切」的話，我十分感謝，決不會有任何生氣或介意，想你能相信我。

臺大的事，我也略知一二。校長幾個月不曾給我一個字，其所受苦痛，我也可以想像。下月我或可以來Cambridge住幾天，若能如願而來，我很想聽你細談臺大情形。

臺島情形，我豈不知？雷君的事，我曾屢次設法，昨已得他來信，說他收到我最後一信，次日就要去看張岳軍了。有效與否，他尚無把握。

至於我批評「某氏」（按指吳國楨）一文，今寄上全文供參考。如你未見全文，乞便中一讀。你若讀了「某氏」在Look及Reporter兩雜誌原文，也許不至於有「如飲瓊漿」的感想。

我曾與此人在去年四月中面談八點鐘之久，實在鄙薄其為人。後來見他的「公開批評」的兩文，實在看不過他的許多「看上去像事實，而細分析是假話」的說法。我有私信給他，——附寄一份給你看看。他的回信，也附寄一份。

我私信中指出的"deliberate untruths"三項，我公開文字中只用了兩項。後來他在舊金山的李大明報紙上發表攻擊我的幾封信，始終不敢發表此兩信。我也不曾發表此兩信。

今天我寄給你看，是要你知道，「某氏」的公開批評，在臺島的人看了感覺痛快，那是很自然的；但在海外的人，如我們看了卻感覺傷心，那也是很自然的。我又要你明白我個人的看法是側重他那些「像事實而實非事實」的話。及他個人洗刷自己責任（私信中第三點）的話。

這是敘述我作文的經過，並不是要為我自己辯護。「某氏」攻擊我，我尚且不答覆。你是用朋友的態度對我說實話，我除了感謝之外，只說明這點點事實上的經過而已。

匆匆不盡所欲言。敬問

旅安

弟　胡適　敬上

一九五五・二・十四

「吳國楨事件」中的胡適與吳國楨

邵建

一九五四年八月間，寓居紐約的胡適和人在美國伊利諾州的吳國楨發生了一次書信衝突。信中，胡適嚴厲地批評從臺灣來的吳國楨「沒有政治感」，同時也「缺乏道德感」。而吳國楨在回信中也直接指出胡適「是聽了一面之詞」，並表示「我很抱歉要與一個朋友持不同看法」。胡吳二人的信件，雖然只一個回合，但卻顯示了同樣是曾經留美也同樣是認同自由主義的兩位不同人士（一位學界的，一位政界的）之間的價值衝突。這次衝突中，胡適是主動的、發難式的，吳國楨則相對被動，他更多是在作自我抗辯。衝突的焦點，是對大洋對岸的臺灣政權的態度，而導致衝突的原因則是先此發生的「吳國楨事件」。因此，胡吳間的衝突首先要從吳國楨說起。

一、吳國楨其人

吳國楨（1903-1984），字峙之，湖北建始人。除了留美背景和胡適一樣外，他和胡適都是通過清華考試留美的。其不同者，胡適沒有在清華讀過一天書，他是提前一個月從上海趕到北京參加清華的出洋考試，結果全榜七十名，胡適以勉強及格的分數（五十九點幾）考中第五十五名。用胡適自己的話：「我很挨近榜尾了」。吳國楨是在南開中學讀的初中，是全校年齡最小的學生，一九一七年不足十四歲的他考上清華高中，和羅隆基同級。在清華讀了四年後，畢業考試及格，就直接赴美讀書。胡適比吳國楨早到美國十一年，出於生計和實用主義的考慮，他先讀康乃爾大學的農學院，一年後轉入該校文學院，讀政治、哲學、經濟等。一九一五年，因對杜威哲學的興趣，又轉到常春藤盟校的哥倫比亞大學專攻哲學。吳國楨赴美前就聽從一位美籍教授的勸告，放棄了美東的常春藤盟校而選擇愛荷華州的格林內爾大學讀經濟，兩年後畢業，吳也轉向美東的普林斯頓大學直攻政治學博士學位。對政治感興趣是胡吳的共同特點，不過，胡適的政治興趣始終是業餘段位，而吳國楨則是因興趣而變成專業。由於他熱衷美國憲法，最初博士論文的選題就是「美國憲法中的總統」。可是，他的導師後來又要他做「中國政治思想」，因此，後來吳是以中國古代政治思想的題目獲得了該大學政治系的博士，但博士學位卻是哲學的。這一點和寫中國古代哲學的胡適在學位上又相同了。有趣的是，胡適雖然比吳國楨大十二歲，又早到美國讀書十一年，但，博士學位卻比吳國楨遲拿一年。吳國楨是一九二六年拿到學位回國的。胡適因為一九一七年急於回北大做教授而擱置了博士論文的修改，因此，要到一九二七年胡適乘便赴美時補交了十年前該交的論文，才完成自己的學位手續。

在胡吳種種同與不同之中，最重要的是，他們都有若干年的在美國生活的經歷，都沐浴過歐風美雨，都欣賞以美國為代表的西方文明，都受過良好的英美自由主義的薰陶，都認同美國憲政下的自由民主制度，而且都願意把這種品質的制度移植到中國，甚至也都為這一目標的實現在不同的領域內做出過不同的努力；儘管他們是上下兩代人。

然而，在胡吳的種種同與不同中，一個很重要的不同，胡適一生關心政治而幾乎不從事政治。除了抗戰因「國家徵調」當了四年左右的駐美大使外，後半生所當的兩次各四年左右的官：北大校長和中央研究院院長，都不是政官，而是學官。終其生，胡適是個學人，不是官人。吳國楨相反，博士出身的他，長期以來，不但是個官人，而且是國民黨的政要。如果流覽一下他的政歷，應該說是很顯赫的。回國四、五年後，還不到三十歲，便從漢口市的土地局長，先後升遷為湖北省財政廳長和漢口市長，其間還擔任過蔣介石的侍從秘書。抗戰時任重慶市長，後又曾任國民黨中央宣傳部部長。抗戰勝利後，出任上海市長。一九四九底，國民黨大陸失利，吳國楨又任臺灣省政府主席兼保安司令，一直到一九五三年離台赴美。

也就是在吳國楨到美國後的第二年即一九五四年，一個學人，一個官人，發生了一次書信糾紛。學人批官人，批的到底是什麼呢？

二、與蔣氏父子的衝突

胡適批吳國楨，並不是因為吳是國民黨的高官，替國民黨做了那麼多事；而是批他和蔣介石鬧翻後來到美國卻反過來揭發自己的國家。

身為臺灣省主席的吳國楨和蔣介石鬧翻似乎又有著某種必然。吳國楨畢竟留美出身，美國的民治理念在他和胡適身上都留下不可磨滅的烙印。胡適是一個知識分子，他所能做的，就是在輿論領域宣揚民主，就這一點而言，胡適堅持了一生。吳國楨是政官，有實際權力，他可以在自己的政轄內，有限度地進行民主的實際操作。一九四九年底，吳國楨接長臺灣省主席時，其施政綱領有四條，其中第二條「努力向民主途徑邁進」，第四條則「實行地方自治，發揚法治精神」。吳國楨是這樣說的，多少也是這樣做的。如果說一九二八年後國民黨搞「訓政」，美其名曰訓練國民從事實際政治的能力；那麼，放到一九五二年的吳國楨那裡，就變成了實實在在的行動。為了迎接臺灣省的第二次市縣長和市縣議會的選舉，吳國楨啟動一個培訓計畫，即在臺北建立一個培訓學校，輪番培訓從各區選出的民眾代表。每次培訓是三天，在三天內，要教會這些代表組成民主基礎的所有原則以及如何進行自由選舉。這個任務是龐大的、繁重的，從它的實際實施到一九五三年吳國楨被迫離台，尚未全部完成。「現在想來，我開始明白，」晚年的吳國楨回憶說：「也許正是這個培訓計畫是蔣介石與我最後決裂的主要原因，他或許認為，我是在謀求自己的組織與權力，而那確實遠非我的本意。」

如果上述還是吳國楨一面之辭的話，那麼，導致吳國楨向蔣介石辭去省主席職務的原由還是和選舉事件有關。

一，脅迫選舉的大規模逮捕。

一九五二年十月，吳國楨巡視全島回到臺北，大批臺灣當地人要求與吳見面。這些人面談的居然都是一個問題，即他們的親友不知犯了何罪被逮捕了。身為保安司令的吳立即打電話給自己屬下的警務處長，對方回答：他沒有簽發過逮捕令，那是中央政府頒佈了一個圍捕「流氓」的新法令，那些人是因此而被捕的。

吳又召見自己的下屬、保安副司令彭孟緝，他是臺灣秘密特務總頭領蔣經國的親信（一九五〇年蔣介石在總統辦公室之下建立一個「資料組」，實為一個特務組織，它由蔣經國一手控制）。吳責問彭是誰抓的人，彭回答說是臺灣的各個特務系統。吳追問抓人是否有證據，彭給予肯定的回答。於是，吳要求對方立即提供證據。然而，保安司令部的參謀長要求讓出三天時間再呈上證據，因為這次抓人數量實在太多，多達九九八人。吳國楨不讓，結果一小時後，來人只能帶來一個很小的公事包，裡面只有三、四人的證據。責問之下，來人支吾說證據還在各個系統的特務手中。吳不依不饒，下令要求各個系統的特務次日下午把證據全部送交到省政府辦公室。

次日，各個系統的特務頭子以及彭孟緝等人都與會，所有的證據都帶來了，也幾乎沒有證據。近千人的案子，頂多只有十來個案卷。吳下令三天之內甄別所有的指控，如果沒有證據就放人。三天後，吳的屬下報告，只有十八人有輕微的不良行為，如在公共場合酗酒吵架。吳指示，將那十八人移交法院，其餘立即釋放。

下過指令的吳國楨接著就去巡訪澎湖列島了，第五天才回來。他本以為問題早已解決，然而報告的人說，一個人也沒有釋放。吳立即打電話問責彭孟緝，彭推說，我們已經傳達了你的口頭指示，但沒有收到你的書面命令。吳國楨勃然大怒：你們抓人時沒有我的命令，口頭的書面的都沒有，為什麼放人卻要我的書面命令？既然要，馬上給。吳國楨立即草了一道命令送達，因此，除了十八人外，其他人於當晚盡數釋放。

彭孟緝是吳國楨的直接屬下，可是他敢於和頂頭上司陽奉陰違，完全是因為蔣經國在背後撐腰。吳蔣之間類似的衝突已有多起，一個是特務首領，一個是保安司令，前者根據政治需要抓人，後者強調抓人需要證據，衝突自然發生。由於吳是保安司令，按吳的說法，抓人是屬於自己管轄的事，而蔣私自闖入了我的領地。就這個事件而言，它完全是蔣經國操縱的。那九九八人（除少數外），非但不是流氓，而且都是各地民眾領袖。逮捕他們是一種威脅，是為了在即將到來的選舉中，迫使他們按國民黨的需要投票。而這些人作為對國民黨候選人可能構成威脅的反對派，或被捕、或受恫嚇，儘管人最後被放了出來，但蔣經國的目的也達到了。逮捕就是一種表白，誰投票反對國民黨，絕沒有好下場。果然，選舉開始後，除臺北市長由前任連任外，其他都是國民黨候選人以壓倒多數獲勝。

因此，放了人的吳國楨有一種被戰敗的感覺，當時，他的妻子從美國回來，第一話就說他面有愁容，而他也向妻子表示，這個省主席自己當不下去了。

二，「基隆市議員綁架事件」：

事情並沒有結束。緊接而來的情況和前面幾乎一個性質。市縣長選舉完畢後，便是市縣議會會長的選舉。當吳國楨想瞭解一下各地選舉進程時，基隆的情況讓他吃驚。當天議會開會時，居然沒有一個議員到場。原來，有兩個議員遭特務綁架，被單獨囚禁在某個旅館裡已經兩天了。而特務這樣做的目的，和前面一樣，是想通過綁架，逼迫其他議員選舉國民黨指定的人為議長。

憤怒的吳國楨又是立即打電話給彭孟緝，指責他怠忽職守，警告說，要麼你立即將綁架議員的那個特務解職，要麼自己將被迫採取其他措施。這個措施就是吳給基隆市長下命令，讓他帶著警察親自去解救那兩位議員，如果遇到反抗，可以將有關人抓起來，必要時可以格殺勿論。市長當然大吃一驚。兩小時後，彭孟緝報告，人放出來了。吳打電話向市長落實，對方的回答是肯定的。於是吳下達了第二道命令：馬上召集所有議員開會，立即選舉議長。選完後，親自將那兩個議員送到自己的辦公室。當晚，基隆市長把那兩個議員送至吳國楨處。吳又是同時詢問，又是個別談話，但沒有一人告訴他，他們是被誰抓的，兩人分明都嚇壞了。儘管吳一再勸他們別怕，自己能保護他們；他們還是不說，顯然，兩人都認為吳的保護不起作用。不但如此，這兩人還反過來說：人既恢復自由，也就不必再追求真相了。吳知道，他們是怕特務報復。

吳當然不願善罷甘休，當他從其他特務那裡獲悉事情是誰幹的時，便把彭孟緝召進自己的辦公室，要求他扣押負責綁架的那個人，將其開除公職並聽候進一步的調查與處分。彭又要求吳國楨給書面命令，吳同樣給了他。彭當晚回答吳，命令已經執行。於是吳指示基隆市長，就此事徹底調查。然而，兩天後，那位市長請求終止調查，因為特務方面不僅沒有扣押那位責任人，反而給他升了官。吳徹底惱怒了，追問彭孟緝是誰讓這麼幹的時，彭拿出了蔣介石的手令。

當天，吳就向蔣介石提出了辭呈，蔣予以退還。吳國楨接著又上了一份，蔣卻批給吳一個月的病假，讓他休息休息。

吳國楨與蔣介石的衝突，主要來自他與蔣經國的不合，後者讓吳感到「我失去了許多權力」，並且吳也反對蔣經國從蘇聯學來的那一套，什麼軍隊政治化、特務政治、以共產主義的方式對付共產主義等。而蔣介石失去大陸後，不但不知汲取教訓，銳意改革，並且縱容蔣經國所為，甚至放給他更多更大的權力。因此，當吳確認蔣家父子走上「一人控黨，一黨控政，以政治控制軍隊，以特務控制人民」時，更兼自己只是個空架子，於是，他決意退出遊戲。在收到蔣介石批假後，吳回信：自己將去日月潭養病，除非自己的辭職獲批，否則不會回來。

由於養病期間，一起未遂的車禍事件，使吳國楨認為這是蔣氏父子所為，臺灣對自己已是兇險之地，於是，在宋美齡的作用下，吳國楨以養病並接受母校贈予榮譽博士為由，於一九五三年五月二十四日離台赴美。

三、「詫怪」的胡適和初始的態度

胡適和吳國楨差不多就是兩代人，儘管都留學美國過，但交往並不多。一九四六年睽別國土九載的胡適乘船回國，吳時為上海市長，對胡適盡過地主之誼。當時胡適在吳淞口未能及時進港，直到次日才有船來接，上岸後徑去市政府，因此，當日日記中載有「受市政府吳國楨先生的招待」字樣，這是胡適踏上國土後的第一頓飯，不知道他是否印象深刻。一九五二年十一月，寓居美國的胡適第一次返台，在他與陳誠等政要的會面的照片中，吳國楨就在他的右身後。吳國楨此番來美，鑒於胡適的特殊的地位和聲望，也少不得和他聯繫。來到美國一個月後，吳國楨從紐約給胡適打電話，要去拜訪。電話中胡適表示自己的地方太小、太熱，還是自己去看他們。這是一九五三年的六月廿八日，胡適去同吳氏夫婦談了三個鐘頭。這三個鐘頭都談了些什麼呢？胡適日記並不詳細：「他們談的話，使我十分詫怪。吳太太說，『我們都是基督徒，深信上帝保佑我們，胡先生是無神論者，他也許不相信。』」記了這一段後，胡適補了一句「我所謂『使我十分詫怪』，當然是指他們的話的一部分」。

是什麼話使胡適感到「詫怪」？今天不能確切得知。但可肯定，吳國楨會向胡適訴說他在臺灣的遭遇以及為什麼來美，而這一切無疑出乎胡適意料之外。胡適信不信呢，在胡適日記中，它是含糊的。「詫怪」就是一個含糊而未置可否的詞。

然而，「詫怪」的胡適最終不能容忍吳國楨，是有一個過程的。自一九五四年初吳國楨因個人原因（相傳他離台時套匯五十萬美元存入美國銀行）開始和蔣介石公開翻臉時，毋寧說胡適對發難前期的他還是認同的，至少在一定程度上。

一九五四年二月間，臺灣召開第一屆國民代表大會第二次代表會議，議題是改選正副總統。胡適回台與會。遠在美國的吳國楨於二月廿七日專門上書給國民大會，並分別致函蔣介石和胡適之，就此信作相關說明。在上國民大會書中，吳國楨痛陳臺灣政府專制之弊，並提出應該立即採取的六項措施。信末，吳國楨要求大會討論該文同時在臺灣各報發表。在給胡適的信中，吳國楨附上此文並請他從中幫忙，曰：「茲謹將原稿附上。但國民代表大會能否討論，須煩先生便中一催」。在這封公開信中，吳國楨把臺灣問題歸結為六點：一、一黨專政。二、軍隊之內，有黨組織及政治部。三、特務橫行。四、人權無保障。五、言論之不自由。六、思想控制。而他提出的相對應的六條建議是，一、徹底查明國民黨經費來源（即反對把國庫當黨庫）。二、撤銷軍中黨組織及政治部。三、明白規定特務機關之權力（即限制之）。四、公開接受無辜被捕者親友之控訴以保障人權。五、徹底查明過去言論何以不能自由。六、撤銷青年團，並不得再有變相之組織。吳國楨的信國民大會主席團收到後做過討論，形成的決議是「不予受理」，但決定把此決議連同吳的來函一併印發給每位代表。至於吳在臺灣公開發表該信的要求，「因其內容嚴重損及政府形象，國民大會主席團對此文發表與否，分為兩派，有的贊成，有的反對」，這時胡適發揮了他的作用，大會最後「終於接受胡適之的意見，於三月十一日在臺灣各地報紙全文發表」。

顯然，胡適不是因為受吳國楨之托而幫忙，而是出於對吳筆下臺灣狀況的某種認同。還是在吳國楨一九五三年尚未赴美之前，第一次返台的胡適在離台前一晚赴蔣介石的送行晚宴上，就對蔣介石「說一點逆耳的話」。胡適說的是什麼呢？在他當日的日記中有這樣的記載：「我說，臺灣今日實無言論自由。第一，無一人敢批評彭孟緝。第二，無一語批評蔣經國。第三，無一語批評蔣總統。所謂無言論自由，是『盡在不言中』也。」如果說這是胡適在私人場合當著蔣的面有話直說，那麼，在公開場合胡適則會換一種方式，即以一種幽默而機智的方式反話正說。當他第一次返台後，美國《時代》週刊有過評價性的報導，報導中說：「在臺灣，胡適呼籲要新聞界更大的爭論和批評的自由，他揶揄引用了報刊文章中的一句話：『在自由中國，只有胡適一人享有言論自由。』」其實，就是胡適一人的言論自由也是有限的，比如剛才胡適對蔣介石的一席話，只能在私下，它是無法上傳到公共領域中去的。不過，威權體制和極權體制體制不同的地方在於，它多少還存在著發表一定意見包括政治反對意見的空間，上述吳國楨的檄文式的信能夠在台發表，多少也說明一些問題。而這個問題，在蘇俄政治體制下是無以想像的。

四月份，胡適離台返美，臨行前，他對吳國楨的公開信表示過這樣一個態度：

「前臺灣省主席吳國楨批評政府或許對於國家還有點好處，假使吳所講的話有一部分是真實不假，那末我們就不應該因其係出自吳國楨之口，便加以拒絕考慮……。假使那封信討論到幾項根本問題，其所發生的結果竟能使實行改革成為必須，那豈不是說對於國家倒反有了益處嗎？」

胡適說話有高度的技巧。這是陶希聖評論：胡適說話既能很好地適應每一次談話的場合，同時又能充分地表達自己的意思。同樣，唐德剛也認為，胡適說話在高度技巧的情況下，卻是有什麼說什麼。這裡便是一例。吳的公開信公開後，在臺灣引起了強烈的反響，國民黨的聲討自不待言，就連當時臺灣的兩所最高學府臺灣大學和臺灣師範學院的「全體教授」也披掛上陣，聯名發表文章，對吳國楨的「叛國」行徑群起而攻之。針對吳國楨言論不自由的批評，以台大教授毛子水為首簽名的抗議書中說：「在自由中國之內，人人享有基本的自由。如信仰自由，居住自由，遷徙自由，言論出版自由，集會結社自由等，這是鐵的事實。吳君說自由中國沒有言論出版的自由，實與事實不符。我國並無新聞檢查制度，出版的刊物我們看見的有一百餘種，都可暢所欲言，吳君惡意攻擊的原函，也可在報上發表，就是一個證明。」這段話除最後一句因某種特殊原因多少可以成為「證明」的話，台大教授們不知是否知道，真正的言論自由是人的天賦自由之一，而當時臺灣的言論自由（如果可以這麼說的話）顯然不是天賦的，而是政府默准的。也就是說，政府可以讓你言論自由，也可以讓你言論不自由。在政府有權干涉言論的情況下，言論即使是自由的，也應視之為沒有言論自由。因此，吳國楨的批評沒錯，而台大教授群體哪怕是在某種勢力的策動下反控吳國楨，這樣的言論表述，也令人感到不堪。如果說連大學知識份子都介入了對吳國楨的圍剿，可見當時情形之一般。然而，在這樣的情形下，胡適上述講話把吳國楨的批判口吻變成了正面誘導，它以「假使」為切口（這樣不至刺激當局），暗中卻默認吳信中提出的內容都是些「根本問題」。只是，這些根本問題在吳國楨那裡是炸藥，在胡適這裡卻轉換成可以對國家有益的改革的藥方。這是地地道道的胡適的言論方式，從中也可見胡適對吳國楨事件的態度。

一九五四年四月五日，是胡適離台返美的日子。在臺北松山機場，面對記者問及對祖國還有什麼希望時，胡適留下了起飛前的最後的話：「我希望更進一步實施憲政。我們這部憲法很不錯，尤其是第二章第八至第十八條規定（關於人民權利之規定）可以說是無條件的。如果規規矩矩照著去做，結果一定非常的好，我認為無條件的自由，是沒有什麼危險的。」憲政、權利、自由，胡適的話和吳國楨的公開信，一個是批判，一個是希望，但其思路乃至用詞並無什麼不同，兩者在某種意義上毋寧是呼應的。

回到美國後的胡適於當月就寫信給吳國楨約其見面，如果說十個月前，是來到紐約的吳主動打電話給胡適，這次胡適的主動和迫切就很能說明一些問題。胡吳於四月十七日在美國最小的州羅德島州見了面，兩人晤談的時間長達八小時左右，而且直到深夜。這八小時都談了些什麼，胡適那邊沒有留下什麼記載，倒是在吳國楨給胡適的信以及他晚年的口述中，尚可得知一些零碎的內容。吳說：「那時胡博士剛從臺灣回來，我們談了八個多小時。他問我，當我在那裡時，臺灣政治犯的人數是多少，我說我計算是一萬到一萬兩千人。然後他說：『你錯了，我剛回來，我估計超過十萬人。』我叫道：『真的嗎？』他說：『是的，你的數字也許不包括那些因政治原因而遭監禁的軍事人員。』我承認這有可能。」這是吳國楨的單邊敘事，如果屬實的話，似乎胡適對臺灣的政情比吳國楨還清楚，而且對它的惡化比吳國楨估計也更充分。只是，他為什麼行色匆匆地要找吳國楨，難道就是要落實這個數字嗎，除此之外，兩人還談了哪些內容，是不是還銜有什麼特別使命，比如勸吳不要再攻擊臺灣：這些都已無案可稽了。可以確定的是，胡吳會晤在表面上至少不是非友好的，儘管胡適對吳的有些話感到不誠實，並且反感，同時亦有所批評（說他沒有政治感）；但直到這時為止，他們之間尚無衝突發生。

四、太平洋那邊的風波

然而，事情正在起變化。

按吳國楨自己的說法，一九五四年四月中旬，蔣介石派吳的舊識劉文島到美國去勸吳，臺北不再攻擊吳，吳這邊也停火，於是這場隔洋大戰便偃兵息鼓。臺北的舉措應該也與胡適有關。當時臺灣政府對吳國楨在美國發難，先是希望息事寧人，後來則動員輿論攻擊，「終則循胡適之的建議而停止攻擊。胡氏認為吳國楨在美國並無新聞價值，他的言論不會引起美國人的注意，如政府根本不重視其言行，不予置理，移時即如李宗仁之下場一樣，無人理睬，今則動員全臺灣黨政軍民，對吳圍剿，反而提高其身價。」然而就在臺灣方面偃息不久，因為吳國楨的一篇文章，胡適自己披掛上陣了。本來一場國家與個人的隔洋大戰，賡續成了胡吳兩人在太平洋那邊的風波。

衝突的發生，緣於吳國楨於一九五四年六月在美國《Look》雜誌用英文發表的一篇寫給美國人的文章〈在臺灣你們的錢被用來建立一個警察國家〉（這篇文章的大要已由南京大學的歷史學博士楊金榮先生漢譯過來）。吳在這篇文章中主要告訴美國公民：

一：臺灣已經變成了一個警察國家

蔣介石已讓他的兒子蔣經國做他的繼承人且將大部分權力轉讓給他。蔣經國已完全控制了執政的國民黨，完全控制了軍隊，並力求把它完全變為個人權力的工具。作為秘密警察的頭目，他快速建立起在許多方面類似於共產主義政權模式的權威，他甚至模仿希特勒的青年團和共產主義的青年團，而建立起青年反共救國團。

二：秘密警察

在蔣介石的領導之下，我們一直有秘密警察在運作。……他們會毫無證據，……進入某一辦公室，手持轉輪手槍，對桌子後面受驚嚇的人說：『你是王某嗎？』說完拖起人就走。我曾釋放過這樣的囚犯。到一九五〇年底，我甚至從蔣介石那兒得到命令，逮捕民眾只要民警許可就行了。

三：壓制言論和出版自由

獨裁者致力於建立秘密警察和控制軍隊，操縱選舉和破壞司法程式，這些還剛剛開始。今天，控制青年人思想與心靈、壓制言論和出版自由的計畫正在實施中。……惹怒或冒犯臺灣當局者的報紙被迫暫停出版，記者和撰稿人經常被打入牢房。臺灣的報紙現在只為國民黨的政黨路線服務。

因此，「在臺灣每年的預算中，美國人提供了三十——四十億美元，用來創造一個極權『國家』」。「臺灣和美國的納稅人都在為青年團、秘密警察、國民黨和其他權威機構買單，他們當然不知道這一點」。

吳國楨的文章六月十三日出版，其時，胡適、梅貽琦這兩個北大、清華的校長正在前南開大學校長何廉的紐黑文的家中做客，那一天他們將要出席晚上耶魯大學舉辦的慶祝中國第一個留學生容閎在耶魯畢業一百周年的紀念會，胡適還將在會上有演講。是何廉把吳的文章拿給了胡適，按胡適給吳國楨信中的說法，「你的母校校長發覺它不真實到令人厭惡的程度，以至他根本讀不下去」。而「第二個星期我拿起來讀，而我也發覺不可能讀下去」。

讀不下去也得讀。胡適不僅讀了，還有所動作，並且很激烈。針對吳國楨的信胡適有兩項舉措：一，八月三日，發信給吳，對其痛加譴責；二，八月十六日，也在美國雜誌發表文章，肅清吳在美國公眾中造成的不良影響。

在給吳的信中，胡適劈頭就說：「當今年四月間我與你作差不多八小時的長談的時候，我曾經說：『吳國楨的毛病是他沒有政治感（Political Sense）。』現在我不得不說：『國楨的毛病是他沒有常識（Commom Sense），而且在若干情況下他缺乏道德感（Moral Sense）。』」（以下再引則注為《胡信》）

什麼叫沒有政治感？吳國楨是一個政治家（為國民黨服務那麼多年，也難免沒有政客的成分），他難道不比一介書生的胡適更懂政治？而且，吳國楨的文章基本上沒有脫離他幾個月前「上國民大會書」的框架，為什麼胡適對同一內容的不同文本卻態度兩樣呢？這倒需要索引一下胡適自己未加說明的「政治感」了。

就胡適的政治感而言，不妨借用他作為發行人的《自由中國》雜誌某社論的話：「一個真正懂得政治的人，決不會輕易苛責政府的『不民主』」，尤其是在政局動盪的時候。此話雖非胡適所言，但卻合那個時候的胡適之意。一九五〇年代初的臺灣政局處於風雨飄搖之中，此刻，在胡適眼裡，最重要的事務便是「抗俄反共」，而臺灣就是賴以完成此任務的最後一塊基地了。至於如何抗俄，有兩種不同的主張，具有自由傾向的人，認為應該吸取大陸教訓，厲行政治改革，推行美式民主，如吳國楨。另外一種則認為，只有用蘇俄的方式才能對付蘇俄，過去在大陸吃了這方面的虧，現在正應接受教訓。持這種看法的代表是蔣經國。胡適當然認同前者而不會贊成後者，但政治不僅是「理念」更是「策略」。也就是說，「民主政治」我之所欲也，「抗俄反共」亦我之所欲也，兩者不可得兼，則抗俄反共優先也。這並非說胡適不要民主，問題是，當政局並不穩定而穩定又壓倒一切時，來自吳國楨那種民主政治的批判如果和岌岌可危的政局相抵觸，胡適是不會贊同的。還是在一九四七年時局蒼黃反覆時，胡適就表示不僅要批判式的「扒糞」，而且還要知道什麼時候「停止」。進入五十年代的胡適對政治的意見更是主張「建言」而不是什麼「批判」，他在另外一個場合用過一句美國諺語「不要在公眾面前洗滌臭氣薰天的裹腳布」。這很能反映自由主義者胡適晚年遲暮的保守心態。保守的胡適有自己的政治感，而脫離體制的吳國楨當然也有他吳國楨的政治感，胡適批評吳國楨沒有政治感是沒有道理的，如果沒有政治感吳國楨大可不必上書國大，也不必連續上書給蔣介石。由於胡吳兩人的政治感此刻不一樣，因此衝突難免發生。

當然，導致衝突發生的更直接的原因在於吳國楨此文和「上國民大會書」的政治訴求不一樣，前者的訴求對象是國大，雖有批評，但落點是建言；然而，後者的訴求對象卻是美國公眾，而且是一味地揭發。如果說胡適已經不贊成在公眾面前洗滌臭腳布，又怎能忍受吳國楨向美國公眾攻訐自己的政府呢？晚年的胡適有一條很自律的遊戲規則，即人在國外「決不會發表毀壞自己國家與政府的名譽的言論」，胡適把它稱為「這是我們在國內提倡言論自由的一班朋友的一條戒約。」「吳國楨事件」發生後，美國紐約和三藩市兩地的華人報紙這樣比較胡吳，說胡適在美國從不批判自己的政府，唯有等到回國時，才發表自己的意見；而吳國楨完全相反。很顯然，吳國楨的做法按胡適的遊戲規則是破戒了，不獨如此，以胡適當時的政治感，吳文的致命處在於它有可能對臺灣方面的國家利益造成直接損害。臺灣政權是靠美國的安全承諾和經濟援助得以維繫的。胡適不是不知道，一九五〇年代初還在執掌白宮的杜魯門（包括國務卿艾奇遜）不但對蔣政權失望，而且很厭惡；雖然因韓戰爆發把臺灣劃入自己的防禦體系。胡適同樣知道，臺灣的安危不在臺灣自己的力量而在於冷戰中美蘇兩大陣營的形成與對峙，如果撤去美國的庇護，臺灣是不可想像的。在胡適看來，沒有政治感的吳國楨分明是釜底抽薪拆自己國家的台。他的文章，從題目到內容，都是在告訴酷愛自由民主的美國人，你們的納稅錢被你們的政府花在扶植一個警察國家上（儘管吳文本意並非如此），而在一個民主國家，民意在一定程度上是能夠影響政府決策的。胡適正是意識到了這種潛在的危險，才迫不及待地出陣，替他所謂的「國家」來討伐吳國楨。

當然，胡信對吳國楨譴責更嚴的還是政治感後面的「道德感」，它使胡適的信變成一個帶有「酷評」性質的道德批判，這在胡適一生的行文中都是少見的。「我很驚異於你所作的許多項存心說誑，用來欺騙美國民眾！並且用來誣衊你自己的國家和你自己的政府；而它的每件錯誤與劣行（Misdeed）你都不能逃避一份道義責任，正因為在你當權時從不曾有道義勇氣講出來。」（《胡信》）這裡的道德指責有兩點，一是吳在說謊，二是他缺乏道義勇氣。

吳國楨在說謊嗎？就此，胡適提出了三條指控。除了第二條指控屬於道義勇氣方面，一、三條幾乎都不能成立。胡適的「第一項存心說誑」，是指吳文中的話：「既然臺灣被宣佈處於緊急狀態（under a state of siege），任何性質的一切案件都被送到軍事法庭」。（《胡信》）吳的話如果有問題，也只是在表述欠妥上，也許送到軍事法庭的案件未必是「任何」和「一切」，但「大量」總是存在的。胡適充其量可以指出它的誇張，卻無以責他在欺騙；更不能說「你為什麼要講出這種毫無根據的誑言作為你全篇文章的基礎」。（《胡信》）說吳文「毫無根據」，正如同吳文說「任何」和「一切」一樣，都是以偏蓋全。何況胡適不是不清楚臺灣的政情，如前，他和吳國楨做八小時交談時，對臺灣政治犯數量的估計要比吳國楨大得多。如果說吳國楨的表述分明是以大量事實為根據，而胡適卻一筆抹煞為「毫無」，那麼，這說話的兩方到底是誰有「誑」的嫌疑呢？

第三項說誑是有關「青年團」的問題。吳國楨指謂臺灣成為警察國家的證據之一就是蔣經國按照希特勒和蘇聯的方式建立了青年團，而且「他命令所有教職員成為其幹部（officers），所有學生登記為團員。現在我們有了一個赤色的青年團。」（《胡信》）胡適的批駁同上，不是看事實本身，而是抓住吳在判斷上的全稱性以攻之。如果不是全體學生都登記入團，這個團就不存在了？如果這個團是一個客觀的存在，吳國楨的欺騙又從何說起？就此而言，胡適對吳國楨的批評是無謂的，也是甚不得力的。

甚為「得力」的批評是第二點。當吳國楨說臺灣的任何案件都要送到軍事法庭時，吳自己正是臺灣的保安司令，抓人審判都在自己的權力範圍；而吳國楨卻說「但是我對那些審判不能講話」，同時「我常常連檔案都看不到」。詫怪的是，在胡適接觸到的一些判決書上，恰恰又有吳國楨的簽名或印章。這在胡適看來，吳分明是說謊了；尤其不堪的是，既然如此，你在權位上為什麼對你現在所說的這些沒有批評的道義勇氣？胡適的指責是很堂皇的，堂皇到像是一個美國人批評中國人。但凡一個中國人，出於他對中國國情的起碼的瞭解，都無法不感到胡適的指責過於尖刻，至少缺乏同情之理解。這不是替吳國楨辯護，吳國楨的確有他該承擔的責任，問題是他的責任到底有多大？一個文官，兼任保安司令，不但權力被架空，同時還被要求交出自己的圖章。而胡適卻說「假如實情如此，你應該被責判為一個道義的懦夫」，「因為你把你的圖章交給他（指吳的副手彭孟緝）」（《胡信》）。這完全是不顧人的具體處境而逼人去做道德英雄的大話。應該說，吳國楨「對審判不能講話」是真的，但能講話的時候也是有的；檔案常常看不到，卻不妨礙他有時也能看得到，比如他堅持要看時。吳的話三分之一是實情、三分之一是無奈，還有三分之一是洗刷。衡量吳國楨，主要不是看他在某些卷宗上簽名與否，而是看他在這個位子上是否努力使那些非法律途徑的案卷在總量上減少。以吳國楨的親美傾向以及他與蔣經國在權力上的抵牾，於公於私他都會做出這種努力而不至同流合污，儘管更多的時候他力有不逮。

應該看到，胡適在道德問題上給吳下藥，不是因為吳國楨當年做了些什麼或沒做些什麼，而是因為吳國楨今天在美國的表現。假如吳安心於一個寓公，他的道德問題就不存在；但他一張口，道德問題立即浮出水面：「你當權時從不曾有道義勇氣講出來」。胡適的邏輯殊成問題，如果以此為衡，不僅吳國楨，就連胡適的那些朋友，比如王世杰、朱家驊諸人，甚至包括胡適自己，至少在某種意義上，都有這個「道義勇氣」的問題。然而本文不打算按照胡適的邏輯去對他們做道德批評，因為沒有意義。吳國楨等既然選擇了從政，既然在體制內做了高官，他就無法同時再選擇胡適意義上的「道義勇氣」，或者，他的道義勇氣就不是「講」（批判）而是「做」（興利去弊）。是「做」而非「講」成為體制內官員的「責任倫理」，正像「講」而無從「做」因此成為體制外批判知識份子的「道義勇氣」。胡適似乎沒有釐清這兩者之間的必要的倫理分際。吳國楨要則不講，要講也只有等到他脫離這個體制之後。因此，人在美國的吳國楨對臺灣政權反戈一擊，儘管其中不乏私怨的成分；但觀其大體，還是可以說，吳的舉止未必不是吳自己所認持的「道德感」的一種表現，它可以不為胡適所接受，但似乎也不必引起胡適如此激烈的反映。

只是，這樣的反映還不是更嚴重的。

五、「臺灣是多麼自由」？

自一九五四年四月胡吳見面和六月吳發表那篇文章後，八月間，胡吳的彼此動作是：

八月三日，胡適從紐約給吳國楨發信。

八月七日，人在伊利諾州的吳國楨回信給胡適。

八月十六日，胡適發表文章〈臺灣是多麼自由〉。

收到胡適信後，對胡適幾項「說誑」的指責，吳國楨是一一辯護，而對胡適關於政治感和道德感的批評，吳卻不加辯解而照單認帳：「你說的『吳國楨的毛病是他沒有政治感』，我完全同意。我甚至進一步說我同意你所說『國楨的毛病是他沒有常識，而在若干情況下他缺乏道德感。』」然而，接受之後，一個抑揚，吳國楨表示：「我後悔的是我在過去許多次向道德考慮以外的其他影響力屈服。正因為如此，所以我現在決定只根據道德考慮從事，不顧其他。如果我過去犯了錯誤，那因為我以前太軟弱，而我的確現在正努力不再軟弱。」信的最後，吳國楨明確表示「我很抱歉要與一個朋友持不同看法」。（同上）

接到吳信後，胡適沒有表示，但按胡適次年給殷海光信中的說法，吳以後又在三藩市的報紙上發表過「攻擊」胡適的幾封信。本來，胡吳間的書信是私事，如果吳在報紙上發表，此事就公共化了。當然，胡適也從私信走向公共化，他沒有再給吳回信，但卻在雜誌上對吳公批，這篇文章就是他在美國《New Leader》上發表的〈臺灣是多麼自由〉。

就文章而言，胡吳的題目都那麼耐人尋味：

一個說「在臺灣你們的錢被用來建立一個警察國家」。

一個說「臺灣是多麼自由」。

如果說吳文的題目讓胡適感到觸目驚心（否則他的反應何以那麼激烈），那麼，胡適是否想過，他的題目也同樣讓人（至少是筆者）感到驚心觸目。誰都知道，當時臺灣的威權政治鑒於它不敵極權體制的教訓正日益走向極權化，而作為自由主義者的胡適，卻以這樣的題目作出了這樣的文章，因此，不管有多少可以理解的理由，胡適的問題都相當嚴重。

為了消解吳國楨文章在美國公眾中造成的負面影響，胡適借一位旅台的美國人之口這樣渲染臺灣的自由（這依然是南京大學楊金榮博士的翻譯）：

「巡視今日的臺灣，可以發現八九百萬中國人在那裡正受到最好的管理。這種管理是中國任何地方多少代以來都沒有的管理——最自由、最有效，當然也是最誠實的。

沒有新聞檢查，沒有進出入檢查……，各國記者出入自由，駐台的美聯社、合眾社、路透社、法新社記者們，隨時可以發回報導。

在自由中國擁有的另外一些自由，如遷徙自由、擇業自由、進入臺灣不再容易……但一旦合法居住臺灣，並擁有警察局發給的居住證，他可以坐火車、公共汽車、飛機，或開小車、騎三輪，或到處轉悠，自由如同在佛蒙德（Vermont）、堪薩斯（kansas）或俄勒岡（Oregon）。而且，他可以幹任何工作，只要他能找到，或者坐在一塊岩石上，遠眺大海，或者在輕柔的義大利樂曲聲中邊背誦詩歌，邊品嚐美酒。」（以下再引則注為《胡文》）

幾乎是一個世外桃源了。固然，這是一個美國人眼中的臺灣和臺灣的自由，它有可能是真的——對那位美國人來說；但對中國人，以上這一切，難道也是真的嗎？

然而，胡適就能這樣告訴美國人，那位美國先生「描述的是現在臺灣島上八九百萬中國人生活和自由的總體情景」（《胡文》）。好一個「生活和自由的總體情景」，不知道有多少中國人會有胡適這種感受，問一問當時住在臺灣的雷震和殷海光們吧！其實，就是胡適自己也心知肚明，一九五五年，殷海光就吳國楨事去信胡適，言及臺灣狀況，胡適回信說：「台島情形，我豈不知？」如果胡適知道臺灣的真實情形，那麼，他對美國人的描述所做的歸結就是虛假的。

前此，胡適聲口譴責吳國楨在美國人面前「存心說誑」，現在他是不是就扮演了自己所抨擊的角色。

以下內容大致和給吳國楨的信一樣，就軍事法庭、地方選舉、出版自由以及蔣經國作為蔣氏政權繼承人等問題，一一為臺灣政權「闢謠」。

就出版自由而言，針對吳國楨說臺灣「不再有什麼言論自由，出版自由也變成無稽之談。可能有一例外，就是胡適博士主辦的雙週刊《自由中國》雜誌」。胡適說：「《自由中國》雜誌不是例外，這種言論自由和出版自由，是具有道德勇氣講話的人都可享有的。……其次我想說，胡博士主辦的刊物如何且為什麼在『警察國家』所享有的出版自由，對吳博士來說是個例外？《自由中國》雜誌當然不享有例外的自由。很明顯，一九五一年六月，無論是『民主的』吳博士、臺灣省主席和臺灣保安部隊總司令，都不能保護這本雜誌。如果『胡適主辦的雙週刊』享有任何例外的自由，也是奮鬥五年才贏得的。」（《胡文》）

胡適的文章特地提到一九五一年六月，這是《自由中國》發表〈政府不可誘民入罪〉因而和臺灣保安司令部發生衝突的一個事件。文章對臺灣保安司令部有計劃誘人入罪的金融案提出批評，因而惹怒了執掌實權的彭孟緝，這位保安副司令要到雜誌社去抓人。也許人在美國的胡適不知道，正是身為保安司令吳國楨的介入，人才免於被捉。吳國楨當時就退回了彭孟緝要抓人的呈文，並打電話將情況告知負責人雷震（據雷震回憶，當時吳國楨給他打過一個電話，說：三哥，別的事我不管了，人是可以不捉了）。吳國楨「不能保護這本雜誌」，但卻保護了雜誌社的人。這一點無論如何都是應該肯定的。胡適不知就裡否定這一點，不過是要表明，《自由中國》的自由如果是「例外」的自由，也是它自己奮鬥來的。情況真的像胡適說的這樣嗎？不。這裡沒有人否定《自由中國》在言論自由上的奮鬥，但它的自由，或，就它所獲得的自由的範圍，主要不是奮鬥來的，而是來自國民黨的「優容」。事實很清楚，只要這本雜誌超出了這個政權的認可幅度，越奮鬥，它的自由就越小。這，只要看看雜誌本身及其主辦人雷震的命運就知道了。看到胡適上面的話，遠在臺灣的雷震寫信時忍不住了：「先生說《自由中國》之有言論自由是它這五年爭得來的，不料我個人的自由則因是而一天比一天縮減，竟至變成囚犯。」不幸的是，雷震的話一語成讖，幾年後，雜誌關門人下獄，而且一判就是十年。究其因，言論自由即為其一。因此，胡適說臺灣的言論出版自由「是具有道德勇氣講話的人都可享有的」。「享有」云云，反諷而已。

最後，胡適還是沒有忘記對吳國楨的討伐：「怯懦、自私的政客們在享受政治權力時保持沉默，而權力不再，且安全地離開祖國時，卻又向自己的祖國和政府潑髒水，這些政客們永遠都不會贏得爭取自由民主的戰鬥，因為他們自己的每一個錯誤和劣行，都逃不了道德責任的正義評判。」（《胡文》）胡適是在私設道德法庭，即使說的全真，也未免把道德問題和政治問題混淆了，或者，簡單地把政治問題道德化了。一個政客在位時，怯懦與自私是常態，甚至還不止如此，比如當年上海市參議會議長潘公展評價這位能幹的上海市長就是「八面玲瓏，十分圓滑」。這就是政客。但，政客對民主政治的構成，其作用未必就小於道德志士，因為，政治（即使是民主政治）本身就是一種（包括政客在內的）利益博弈，它不是純粹的道德行為；而且即使出身政客，註定離位後就不再有張嘴的權利？轉從道德角度，也有個「私德」和「公德」的界分。就其私德，蔣介石對你一貫不錯，你也鞍前馬後追隨了二十多年，然而，一旦鬧翻，老底子都給兜出來，難免不令人詬病。但，正如梁啟超所批評的那樣，中國人只講私德而不講公德，只有私忠而沒有公忠。吳後來的做法，哪怕私德失分，如從公德和公忠，卻又未始不可。至於在政治上，胡適說吳「向自己的祖國和政府潑髒水」更站不住。吳不是向祖國潑髒水，而是向政府，這是兩回事。即使對政府，也不是潑髒水，而是道實情。那個政府，那種政權，本身就不乾淨，無需人去潑。倒是不潑髒水的胡適，無論文章題目，還是行文本身，是不是都不免「美化」之嫌呢。

六、「辯白」，還是「不明不白」

然而，「吳國楨事件」中的胡適，就其主觀而言，他絕無「美化」之意，而是在為國家「辯冤白謗」。

一九四七年，蔣介石派王世杰勸說胡適就任考試院長和國府委員時，胡適一則表示「我不願意放棄我的獨來獨往的自由」，另則也向體制推心置腹：「請政府為國家留一兩個獨立說話的人，在緊要關頭究竟有點用處」。一九四九年六月，胡適已經到了美國，當時的行政院長閻錫山發表他為外交部長，胡適堅辭不就時也很懇切：「……適在此為國家辯冤白謗，私人地位實更有力量」。

沒想到，胡適確有遠見，他此時發揮的也正是這個作用。吳的動作，在美國掀起了波瀾，「美國的大眾傳播，如獲至寶。報紙如著名的《紐約時報》、《芝加哥論壇報》，雜誌如《展望》、《紐約客》、《時代》、《新聞週刊》等，無不爭相報導。」然而，胡適出馬了，曾經獲得美國三十多個榮譽博士學位的胡適，其影響畢竟要比吳國楨大得多，而且也比國民黨大得多。國民黨駁吳國楨是官樣文章，雙方吵架，而胡適的身份是第三者，是私人。因此，用時人徐復觀的話：國民黨有胡適這張王牌，在反駁吳國楨的宣傳上，勝於十萬雄師。當時是臺灣當局接受胡適的意見放棄和吳國楨對陣，倒是胡適自己不待他請而自行跟進，替國家反擊，不惜與私人交惡。胡適來美後，常說的話是「留得青山在，不怕沒柴燒」，胡適強調這個「青山」就是國家。國家在胡適的心目中已經高於一切，即使自由和民主，也必須在國家存在的前提下才能談及。因此，胡適看到他所認為的損害國家的言行，就不會坐視。

置國家於自由民主之上，在國家依存的框架內緩進民主自由：這是胡適晚年的一個基本態度。這顯示了胡適作為自由主義者的保守性和排他性，抑或，自由主義在胡適身上發生了老年性衰變，它日益喪失了自己曾經有過的批判之維（可以想想《新月》時代的胡適們），批判也日益為一味的「建言」所取代。固然，體制內的建言是必要的，但體制外的批判卻是「必須」的。作為個人，可以在兩者間自由選擇，但如果一個人選擇了「建言」卻不能在道義上拒絕作為互補力量的「批判」（反過來也一樣）。胡適的問題主要不在於自身批判性的萎縮，問題是，素持「容忍」的他卻未能容忍發自別人對體制的批判。就這次「吳國楨事件」而言，是胡適自己把它發變為如此不值的「胡吳衝突」。不論吳國楨主觀如何，他對國民黨的揭發，客觀上有其批判效應，胡適即使不滿，可以保持「沉默的自由」，卻不必視吳為仇讎，無謂地對臺灣政權「嫂溺援手」，更不必出手去寫像〈臺灣是多麼自由〉這類可能使自己蒙塵的文字。在一個極權或半極權主義的時代，自由主義的寫作倫理要求它的筆尖，不是對著已經獲得了的自由，而是指向還有多少自由尚未得到。

因此，如果說太平洋那邊的「胡吳衝突」是以胡適這篇〈臺灣是多麼自由〉為收場，筆者不得不遺憾地看到，那個一心要為國家「辯冤白謗」的人，不但未使那個國家「辯白」，反而使自己變得「不明不白」……

二〇〇四年十月

吳國楨事件

李敖生

吳國楨的膽量・孔祥熙的姿態

吳國楨主台政於危難之際，頗見稱於中外人士。他的能到了什麼地步，雖不易說，但他的廉，不但不是國民政府在大陸時各省主席所能及，即做台灣主席之陳儀及魏道明，也不能及他的萬一。陳儀無足論了，即魏道明最近返台，亦被報刊攻擊其夫婦輦重金而去國。吳國楨呢？雖從未聞有閒言，但以王世杰被扣留之案，台灣即傳出謠言，說他與王有關，有套取外滙之嫌。吳聽到這個謠言之後，已於日前在台灣各報刊露其啟事，把自己在美的生活狀況，說明他的費用，是演講之酬金，而自己呢？則由太太燒飯，自己洗碗。說已去函當局請求徹底查明。且說：「在此國難當頭之際，若存心混水摸魚，盜取公帑，實將自覺不儕於人類。」這一個光明磊落的態度，確是書生本色。所謂平生未作虧心事，半夜敲門也不驚，以王案而造謠中傷於吳氏的，大概可以休矣了罷！

王世杰以學者資格，位至總統府秘書長之尊，忽被扣留。傳其罪名，初曰貪污，後又改為其他。事隔數月了，監察院之彈劾未見於文，法院之審判又無下文。不知者如墮入五里霧中，莫明奇妙之餘，覺得官場有些兒戲。但對台灣政情有了解的人，都知道這是台灣黨派鬥爭的結果。蓋王氏數為達官，未聞豪富，被扣留之後，所謂貪污即無實據，即套取外滙的影子，也找不出來。而被牽的吳國楨氏，在此案沒有水落石出當中，即挺身而出來表白。王吳兩氏不是貪污之人，是輿論所公認的，經此表白之後，此案的內裡原因，就可想像而得知若干了。

王吳二氏在自由中國政治人物中被目為親美派人物。美方若干人士，對蔣有不滿之處，尼克遜來後，即有種種的謠言。王氏被誤會有不利於蔣的消息，即被扣留。這說是政治鬥爭可，政治誤會也可，但吳鐵城卻因之而自殺，吳國楨且因此而受謗了。就現在情形現下去，此案不能再有什麼發展，但只有看台灣當局，如何了結之耳。國民政府官吏，被美國政府所發表的白皮書判定為貪污無能，是人所共知的。當然的，就大多數而言，不能說盟邦冤枉我們。別的不說，單表我們廣東省主席羅卓英先生，「口碑載道」，至今未已。但十室之邑，必有忠信，王世杰與吳國楨之政治行為，輿論未見微詞，私人從未聞疵語，即算是無能，也不能說是貪污的。但是貪污的謠言，投向新大陸的，不是大富翁孔祥熙，而是窮書生吳國楨。不已，當乎吳氏公開答辯當中，有等報刊的作者，且大為孔氏捧場，《自然日報》要以社論捧孔氏做副總統了。是不是沒錢得人欺？有錢得人敬乎，人間何世我不知？天道寧論我要嘆了。

由王氏之被冤而至吳氏之被謗，熟於政治行情的人，無不知道他倆做了政治之的犧牛。據史記所載，楚威王聞莊周賢，以厚禮迎之為相，莊周笑而對使者曰：千金重利，卿相尊位也。子獨不見郊祭之犧牛乎？養食之數歲，衣以文繡，以入太廟，當是之時，雖欲為孤豚，豈可得乎？子亟去，毋污我，我寧游戲污瀆而自快，毋為有國者所羈。王吳二氏既不能做莊周，就不免於要做犧牛了。當乎政治還在善人未勸，淫人不懼，或者不軌不物，政出多門，甚而以「吏人為耳目」，及「紛爭詆訾」之時，有良知良能的讀人，要有所作為，那就非如上海人所說：觸其霉頭不可的了。我們對於此事，不但要為王吳二氏惜，而且要為與國家命運攸關的國民政府惜。

我們久已聞之，台灣派系之爭，有加無已。所以我曾說：要到台灣從政話的，甲派迎你，乙派擊你，丙派譽你，丁派毀你。即蔣總統個人重你，甲乙丙丁四派則殊途同歸而對付你。朋友之中，有不以我言為然者，但觀之王吳二氏之遭遇，竟不幸而被我言中了。實在國家到這個地步，偏安之穩，有待於他人，反攻之利，未主於自己。大家聯合起來，猶恐未濟，而乃對於可以有為的官吏，自我摧殘之，弊政、亂政、譎政之象，見之負有中興責任的政府之中，何能免於志士灰心，賢才斂足呢？這他們也許不在乎，但復國的公私大事，不是少數派系所能為，何以也不一加考慮，此殆運移漢祚終難復乎？欲不憂心忡忡，也不可得了。

台灣當局，現在進行反共救國會議。內裡的作用如何，我們不必推測。但表面的理由，就是要團結台灣以外的人士，即《自然日報》所指的「過去壞人，現在好了的」，也要請去開會。當然的，當此危急存亡之秋，凡屬中華民國國民，即沒有政治的興趣，也要有國家的責任，要把自己的才智甚而至生命，在國民政府領導之下，以達到反共救國的目的。但是，自己有為的官吏，也如此的糟蹋，則未來者，有莊周觀念的人，就要怕做犧牲了。為國族而犧牲是值得的，但為派系而犧牲的，那就過於冤枉了。當乎人才衰竭當中，要把大陸時代的政風改變過來，已不容易，而乃王吳等有書生氣的人物也不能容如此，還說什麼反共大事，救國大計呢？

我們把吳氏聲明來看，這一個公開的答辯，是要得的。吳國楨是敢登這個啟事的。但是，國民政府過去的主席不少，如羅卓英等將軍。過去的達官，如孔祥熙博士，過去不曾的，現在也敢登這個啟事麼？《自然日報》得了孔氏致其友人之信，將之當為新聞發表，其中有競選不免於被攻擊之說。現在的台灣，有異於當年的南京，李宗仁與孫科之互相攻擊風氣，可以減低而至於無的。但是，孔氏是否有吳國楨不怕追究的胆量，且有尼克遜在競選副總統時之電視中冤作風，甚願其新收的蝦兵蟹將，為之借箸而籌。使我們，做了「豪門」反對派的老百姓，有一個與孔祥熙先生討論的機會。借句中共的宣傳術語說：「老百姓的眼睛是雪亮的」，與一些政治的阻街女郎，文化的摸袋扒手不同。雪亮的眼睛，不會被花綠的鈔票誘惑的。我們且熱心正視吳國楨的胆量，我願以一管脫毛的禿筆，為他說句公道話。但我們卻要冷眼旁觀孔祥熙的姿態，我願看他們的擁護者，如何運用其生花妙筆，把他渲染成了人間的上帝，今代的聖人。然而，孔祥熙在《自然日報》，被大捧而特捧的。吳國楨除了《新聞天地》而外，無人為之說句公道話。原因何在呢？就是吳國楨不似孔氏那麼有錢而已。廉吏可為不可為，所謂黑白、是非、得失、邪正、忠奸，不但沒有分明，而至倒轉了過來。這是國家將亡之徵，在過去不足為奇，而掛了反共招牌的一些所謂作家也者，還是如此，那才是奇。中國將來，恐怕非再亡多一下不可的了。但據《自然日報》所載，孔祥熙是很窮的，好像比我還要窮。但我窮，被姚湘勤、任畢明、李劍鋒等若干人，以之當為罪狀，不但予以刻薄，而且予以聲討。何以比我更窮的孔祥熙，反而要得熱烈而虔誠的擁護呢？大概孔氏之窮，和我相差得太遠罷了！於是乎，孔祥熙可以做副總統，而我就要被人告密造謠，要使之出境而為快了。

是獨裁乎？抑民主乎？

由張道藩與吳國楨論戰的批評到《自然》與《工商時報》社論的糾正

作為中華民國復興與基地的台灣，雖然時有民主的呼聲。但在台灣以外的政治人物，時有獨裁的怨言。在台灣的國民政府當局，究是獨裁？抑是民主？我們在理論與事實上，非找尋一個答案不可。因為國民政府是我們中華民國人民的政府，而又要担任復興的歷史任務。他們的成敗，與中華民族的存亡，有不可分的關係。況且中國的前途，與政治的獨裁或民主，也有其重大的關係。我們為了這，對於台灣的發展，予以密切的注意。台灣的民主呼聲，與海外的獨裁怨言，我們不能無條件予以相信。所以，一向的批評，都作有限度的保留。

作為台灣主宰的國民政府總統蔣介石先生，二十多年，都被獨裁之稱，對中國現代史有經歷及理解的人，都不會不明白的。（我參加了近二十年的民主運動，多是以他為對象的。）但獨裁在民主潮流中，是一個醜惡的名詞，沒有誰肯承受的。所以，事實上雖然獨裁，而口頭上還是民主，民主的意義是與獨裁相反的，但名詞過於美麗了，獨裁者在宣傳上，不但不反對，而且冒用起來。試看，由理論而到行動的布爾什維克黨人，即共產黨人，是絕對的專制，其專制，是集合了古代邪神與暴君的惡毒手段以對付人民。但是，他們在宣傳上，也無一而不民主，甚而無恥地加上了一個新字，叫做「新民主」。那麼，程度上有所不及的獨裁者，要借民主的名詞來用，那又必然之理。當乎政治宣傳做了必然的謊言現代，這並不奇怪的，對政治有智識與有經驗的人，是心裡明白的。不明白的，祇是吃黨飯，做黨棍的政工人員及所謂文工人員的政治蟲蟻而已，所以，台灣當局，是民主要說民主，是獨裁也要說民主，這是所謂辯證邏輯，或是矛盾論，共產黨優而為之的。

不過，與布爾什維克做了孿生兄弟的法西斯（納粹在內），則不如是無恥，他們要獨裁就獨裁，對於民主的內容與形式，事實與名詞，不但不借用冒用，而且予以反對，予以詛罵，他們是有理論，也有行動的，素獨裁行乎獨裁，甚麼民主，是不會理會的。近代中國的政治人物，對外國尤其思想，是接受的。共產黨接收了布爾什維克的專制，而國民黨當局，也接受了法西斯的獨裁，當民主思想而至制度被夾攻到體無完膚之時，中國的政治論客，與南京當局有關，大倡其獨裁之論。有些劇秦美新之頌，在九一八之後，更見猖狂。不但以楊公達兄為主體的《中央公論》如此云云，即所謂民族文學運動，也對於義大利的棒喝文學，予以介紹。這些論調，雖然不是當局的代表，卻是當局的默許，甚而暗中支持。（抗戰時楊兄卻做了廳長了。）那時的中國民主運動，已因汪之與蔣合作而中斷了。但我們還是堅持的，當時與萬民一兄等，在《南華評論》上，予以反擊。（楊兄來上海與我商量調解，我以不能再作獨裁之論為條件，彼此才休戰。）但有什麼用，我們卻做了民主的柳敬亭。吟其「傳得傷心臨去語，每年寒食哭天涯」之詞，退出了政治圈外，雖以賣文為活了。由於這一段史實，以蔣先生為代表的政府，由來是獨裁，雖然程度上，因主觀能力不同，（政治組織）客觀的條件有殊，（社會組織）有所差異，而蔣先生還要體面，不以希特勒及墨索里尼那麼明目張膽。不過，在精神上，事實上，都是政由己出，獨裁雖獨裁了，份量還不夠的。抗戰以後，共產黨的民主宣傳，既迷惑了美國，間接而對蔣先生威脅，於是，蔣先生不得不民主了。二十年來，沒有完成一縣的地方自治，憲政的基礎全無，忽然要實行憲政起來，以假民主來做真民主，政治步驟已亂，到了棋差一局，就滿盤皆落索了。由於此一事，擁蔣的宣傳工作者，以為蔣之失敗，是失敗於民主，蔣何曾是實行民主，不過是一個政治手段而已，這不但冤枉了民主，而且冤枉了蔣先生。蔣先生真正要民主，他不會失敗的。真正要獨裁，即失敗也沒有這麼快。所以失敗，就是獨裁要其實，民主要其名，子矛子盾，左右失措之故，蔣先生的本質，民主的份量是很少的。現在的台灣，其主宰依舊是蔣先生，形式上，縣級以下可以有自由選舉，但大政方面，事無鉅細，也非蔣裁定不可，一切的事情，非由他裁定不可的。這些耳熟能詳的消息，以下與蔣先生過去的政治行為相印證，不能說沒有其真實性的。不過，比較以前是開明一點，卻是事實，但何能免於海外的怨言呢？台灣之不能盡如理想，即台灣要員，也從未諱言的。但他們由上至下，沒有從前在南京時，作其獨裁之論，反之，民主的呼聲卻可以聞到。而民主的名詞，甚而至於理論，在報刊上也時有見到的。他們是要民主了罷！還以基層政治的選舉，來做開步走。所謂民主的實質，如此而已。不過，有此實質，就有話說了。民主民主，以之對內號召有用，對外得援更有用。於是民主乎？抑獨裁乎？就成為問題了。

台灣有異於大陸的鐵幕，但也有其幕，不是鐵而是水而已。有船可渡，不致於不能入的。但既有其幕了，所謂「重重簾幕密遮燈，風不定，人初靜，」就不免令人有「落紅應滿徑」之嘆了。但落紅不是無情物，便有台灣省主席吳國楨先生，最近在美國要「化作春泥更護花」的，指摘台灣的獨裁了。

吳氏的言論雖有所見，卻未得完全見到，正引以為憾。而乃謝謝國民政府立法院長張道藩先生，卻間接為我們報導出來。消息見於《香港時報》台北二十六日中央社電。小題是「吳國楨在美言論失當」，大題為「張道藩在立院質詢全文」。這是一篇有價值的報導，原電是據立法院新聞室發表廿六日立法院第十三會期第五次會議於立法院院長張道藩以委員地位提出質詢，其發言紀錄如下：

主席，行政院各位首長，各位同仁：我担任立法委員已經五年十個月，雖然發過許多次言，參加辯論，但我從來沒有行使過憲法第五十七條所賦予我的質詢權。主要的原因，是當我是委員的時候，我想質詢的事件，常常有別的同仁質詢了，我又何必重複質詢，浪費院會的時間。自從四十一年三月，承各位同仁不棄，推選我主持院務以後，雖然照其他民主國家國會的慣例，我的原職是委員，我仍有參加討論或質詢的權利；但是得避免就避免了，這也是過去不常發言和質詢的原因。我今天要質詢這件事，是因為本院質詢了五天以來還沒有人質詢過，所以我才質詢。我想，如果各位已經知道這件事的事實，必定有許多人會質詢的，那我又可以偷懶了。

引起我忍無可忍不能不質詢事實如下：二月七日，前任台灣省政府主席現任行政院政務員吳國楨，在美國芝加哥WGN電視傳真台發表談話，說他離開台灣是為了「健康」和「政治」兩個原因。他說：「因為他主張台灣民主化，而別人則認為反共須用共產黨手段」等語。

二月十六日吳國楨又在芝加哥他寓所裡接見合眾社記者，發表他的所謂「政見」如下：（一）在目前環境之下，我不願回台灣，因為我認為現在中國政治情形與我當初和政府發生爭論時並無改變。（二）我現在仍為行政院政務委員，但曾五次提出辭呈未獲照准。（三）他說明他與政府爭執之點，甲，爭取台灣人民的全力支持；乙，爭取海外僑胞的全力支持；丙，爭取自由國家尤其美國之同情與支持，但是除非吾人能在現行統治地區內實施民主，則上述諸端皆無法做到；然而不幸的若干人士竟認為與共產主義作戰必須採取共產主義的方法。（四）他說，我深信目前的政府過於專權等語。因此，紐約世界電訊《太陽報》及其同一系的許多報紙，都根據吳國楨的談話對中華民國有極不利的評論。此外，還有關於吳國楨發表談話的其他消息，限於時間不再報告。

諸位同仁，吳國楨他離開台灣原因之一，是為了「健康」。其實他那樣又肥又胖的樣子，美國觀眾在電視傳真裡看見了自然證明他那為了健康而出國的，原因是在說瞎話，至於政治的原因，我倒要請問行政院陳院長，吳國楨當初和政府發生過什麼爭論，我們過去毫無所聞，現在行政院是不是可以對我們公開。因為吳國楨所指的政府，一定是行政院而非其他各院，吳國楨身為政務委員，借口「健康」關係到外國去胡說八道，其危害民族國家至深且大。過去他曾經五次辭職，何以不准？此後，他如果再辭，到底准還是不准。依照憲法第五十七條，行政院院長對立法院負責，如今發現一位政務委員有危害國家之言論，是否認為這與政策無關？是否認為吳國楨可以像普通人民一樣有他的言論自由而仍予以寬容？在吳國楨尚未辭去政務委員以前，我願意請行政院陳院長轉知吳國楨，答覆下列各點：（一）他說：「除非吾人能在現行統治下之地區內實施民主」。請他答覆我們，今天在自由中國所行的不是民主是什麼？（二）他又說：「不幸若干人士竟認為與共產主義作戰，必須採用共產主義的方法」。他所謂「若干人」是何等人？請他指出姓名，並說明究竟有若干人。同時舉出採共產主義方法的事實。（三）他深信目前的政府過去「專權」，他之所謂「專權」作何解釋。（四）他說：「除非實施民主，否則就不能爭取台灣人民及海外僑胞之全力支持，也不能爭取自由國家尤其是美國的同情支持」。他有何種事實證明我們的政府不爭取台灣人民及海外僑胞？他又有何種事實證明台灣人民海外僑胞對我們政府不全力支持？他更有何種事實說明我們政府不爭取自由國家和不爭取美國的同情與支持？他又有何事實說明美國對自由中國不同情與支持。我希望行政院能夠替本席迅速取得吳政務委員國楨的答覆。

諸位首長，諸位同仁，你們大家都知道我和吳國楨是南開中學時代的老同學，三十多年以來，他和我之間雖然說不上至交，但是可以說是老朋友。多年以來，他無求於我，我也無求於他。他有他的聰明能幹之處，國家沒有多少人才，我們應該推重他的地方就推重，他有小錯能寬容就寬容他。但是如今他反動了，他錯了，我就絕對不能寬容他，當然顧不得私交了。比方三十八年他任上海市長時，徐蚌會戰一失利，他就要求辭職，不准他辭他就不去辦公，最後政府沒有法子，只好准他辭職，而以他人代理。這一事實，是許多人都對他看不起的，因為他那一次在公事上雖說已經獲准辭職，其實是「要挾」「哀求」得到的，實際上等於「臨陣逃脫」。他到了台灣，在總統沒有復行視事以前，誰不知道他失敗主義的言論，儘管他等於「臨陣逃脫」離開上海市政府來到台灣，國家對他仍然優容，並且重用他為台灣省政府的主席，國家對他不惟不厚，他在台灣時常於言談之間，表示好像自由中國只有他一個人懂得民主政治，只他一個人能過民主生活。事實上，他只知道用一些小恩小惠討好一部民眾，對於台灣的根本大計，如「耕者有其田」的政策，他常常於言談之間，根本表示反對。其他應改革的許多大事，他多半都是如此態度，他之善於作表面工作，善於討好友邦人士，是常為識者所竊笑，而他自己卻自鳴得意的。他為什麼最近在美國國會這樣過於反動狂妄，我們尚難猜透，如果他想借此討好一部份對中華民國有成見的人，希望那些人扶植他為中國第四勢力的領袖（因扶植第三勢力已經失敗了），那我們還說甚麼呢。我們只好等等，看他究竟是如何的民主，台灣人民海外僑胞是如何的全力支持他，自由國家和美國又是如何同情和支持他，但是我總希望對本院負責的行政院院長，對吳政務委員國楨的言行要切實注意了。我今天的質詢，雖然只是我自己一個人的意思，但是我想，許多同仁，許多民眾對於這一位口頭禪的民主政客所發表危害國家的言論是人同此心，心同此理，而萬分憤怒的。」

我們在這個電訊當中，不但知道了吳國楨談話的要點，而且知道了張道藩的質詢理由。張氏是「萬分憤怒」的，忘記了自己有六卿三公的地位，有若干口不擇言，文失其態之處，但其劍及履及的精神，假如吳氏還在台灣的話，他也許不祇於要與他「開方桌會議」而講茶，甚而要到野外去決鬥的。不過，張氏對行政院長陳誠，質詢之後，而將他意見，轉達於吳氏。而吳氏亦不示弱，據芝加哥廿七日合眾社電報導：前台灣省府主席吳國楨博士，本日宣稱：渠準備以各項事實支持渠所提出中國政府缺乏真正民主政治，及過於獨裁之各項指摘。惟吳氏謂：除非國民大會堅持此事，渠將不在美國人民之前「將家醜外揚」，以致為共黨敵人所快。據稱：渠對張道藩本日在國民大會中所提出謂：渠係一個說謊者及一個懦夫之各項指摘，並不感覺憤怒。惟渠謂：「余對於張氏並不說明事實之真相，殊感失望。」吳氏刻在美國作一連串之講學，渠現寄居於厄凡斯頓城郊區。渠說明渠對於行政院副院長張厲生在台所發表謂：政府將接納渠辭去行政院政委職務之聲明，表示感激。據稱：「一如人人所獲知者然，余久已設法呈請辭職。」渠謂：「余曾因病辭去上海市長一職，政府因知余係患病及接納余辭職。假如我係一個懦夫，則彼等較後如何請余出任台灣省新主席乎？余係在我國歷史上最危急時期，出任台灣省主席，余固曾面對該項危機。此舉殆係一項懦弱之行動乎？如國民大會曾要余說明關於台灣省政府之一切真相，則余將隨時準備支持余所發表之各項聲明。」吳氏並謂：「當余發表余上一次之聲明時，純係出於一項願望，希冀余在台灣之政府能設法實行在國家危急時期現時如此需要之若干民主改革。余純係出於該項願望發表該項聲明，余得知吾人現時所需要者，殆係團結，余深知吾人實不能將『家醜外揚』，余在數個月來保持緘默，希望余之政府改變其觀點。設若政府需要余指出各項缺點，則余將樂意向彼等指陳。余雅不欲在此時公開揭露此等事實，設若彼等堅持，則余將做到此舉，惟余不欲使到為敵人所快也。」

吳國楨是那麼休休有度的，而又是那麼虎虎有氣的表示：假如國民大會討論此事，或者張道藩堅持，他要將事實舉出，以支持其指摘。這一下有分教，張道藩不能再作聲，祇有讓張平群發表談話，說吳氏的話不為華僑所信，行政院將其政務委員免職之外，其餘就是擁護台灣報刊的言論攻擊了。這是自由中國政治的大事，國民大會不討論，張道藩不堅持，吳氏不會將「家醜外揚」的。但是，台灣則以吳氏為敵人，政務委員免職，可以使他「感激」，未成問題，但由言論聲討，而到了要撤銷護照的迫害，吳氏會不會憤激，要將家醜外揚呢？尚在不可知之數。故事是否由此而告一段落呢？按下慢表，但一場論戰，卻把自由中國的政治面貌，畫出一個鮮明的輪廓來，使作為批評者的我們，有了可靠的依據。

吳氏的意見有四點，一為現在中國政治情形與他和政府發生爭論時沒有改變，二為他辭職不蒙照准。四深信目前政府過於專權。但其重點則在第三，就是他與政府爭執之點：（甲）爭取台灣人民的全力支持，（乙）爭取海外僑胞全力支持，（丙）爭取自由國家尤其美國之同情與支持，但上述之事，不實施民主，無由做到。而其重點的重點，則是：「不幸的若干人士竟認為與共產主義作戰，必須採取共產主義的方法。」但張道藩請他答覆的一：「今天在自由中國所行的不是民主是什麼。」二若干人是何等人？請他指出姓名，及採取共產主義的事實。三是專權作何解釋，四是問吳有何事實，證明當局不爭取台灣人民，海外僑胞，自由國家尤其美國的支持。這些三家村婦市井人物的氣度，居然出於一個立法院長之口，使我幾乎不相信我那看報的眼睛。吳氏所指的事實，因為不願家醜外揚，不過抽象一些，要舉出來的話，即不必做局內官吏的吳氏，則做新聞記者的我們，也有如家珍之可數的。我要反問張氏：（一）台灣是民主，民主在什麼地方，自由中國不自由一語的流行，已耐人尋味了。（二）所謂克難英雄，與中共的各種英雄，有何分別，若干人的數目雖不能確指，但代表人是蔣經國先生，已中外週知的了。（三）所謂專權，還待解釋麼？張氏可以裝聾作啞，但人們不能甘於聾啞的。（四）爭取的工作是有的，但不過是為個人權力的需要而爭取，又何曾為國族的需要而爭取呢？政治攙搔可以回籠，而忠貞之士依然棲遲海外，知道的，何衹於吳國楨，海外人士不知其幾千萬也。休矣張道藩先生，「識者所竊笑」的，我們沒成見與任務的人，知道的並不是吳國楨先生。為了珍重張道藩先生院長的地位，希望他的表示，不但要有內容，而且要有體態，但可惜，他卻不能如我所希望。

張氏很費詞的報導他與吳氏的私人關係，是南開中學的老同學，三十多年雖非至交，卻是老朋友，彼此雖無所求，但為愛惜人才，見到吳氏有其聰明能幹之處，所以推重他，現在吳氏是錯了，反動了，他就公爾忘私，不能「寬容他」了。這一個大義滅親的說法，是有些矛盾，更而有些幼稚的，國家大事，何以要插入「非至交」的小事來。不能寬容，不過要免吳之政務委員的名義而已。其他攻擊，理由就過於牽強，跡近無賴了。試問吳氏做上海市長既「臨陣逃脫」，如此沒用的東西，已是看不起的了，又何必如此厚待，要將國民政府僅有的一省主席給他做呢？不是自打嘴巴？（吳氏已有指正了。）張氏又說吳氏於言談之間：「表示好像自由中國只有他懂得民主政治，只有他一個能過民主生活。實際上，他只知道用一些小恩小惠討好一部份民眾，」而對於台灣的所謂根本大計如耕者有其田等政策，及其他應改革的大事，予以反對。我在張氏口中，知道了吳有小恩小惠討好一部民眾，政治家討好民眾為不對，那些根本大計及改革大事，就不必討好民眾了，更而不必討好海外華僑及友邦人士了。由此，我們可以明白，吳氏與他們過去的爭執事實，已經不打而自招了。吳國楨與張道藩之為如何人，我們於此見之了。

張氏不要院長的身份，作報紙副刊作者的宣傳員口吻以輕薄吳氏曰：「這樣過於反動狂妄，我們尚難猜透，如果他想藉此討好一部份對中華民國有成見的人，希望那些人扶植他為中國第四勢力的領袖，那我們還說什麼呢？」這些毫無故實，但有胡調的說法，可謂不成體統之至。過去在台灣的工作人員，對於忠貞同胞，即死力反共，但不呼蔣總統萬歲的也名之曰第三勢力。我們以為這是那些低級的工作人員，淺薄無知才如此。現在見到了張道藩那麼高級，也隨便將第四勢力領袖名堂，加在吳氏頭上，其作風原來如此一貫的，這真令人作予欲無言之感了。我們在張氏此種話中，知道他們對於友邦尤其美國之情緒，以為中華民國就是他們，只要幫助他們，他們所不滿的，就不必幫助了。朕即國家，與共產黨我即人民的政治哲學，是同一根源的。如此的失態，我們不但要「竊笑」而且要長嘆了。

吳氏的言論，我們雖然以未能週詳為嫌，但張氏以蔣氏家臣的姿態，斥之為「危害國家的言論」，站在一個批評者的立場，應該提出嚴重抗議的。要求實施民主，叫做危害國家。我以為危害國家的，不是要求民主的吳國楨，而是維護獨裁的張道藩。因為我們知道，政治不民主，現在無以爭取海外的人心與人力，將來也無以收復大陸，即收復大陸，也沒有辦法。中國不實行民主，絕對沒有前途，再而獨裁下去，對於國家，祇有加深目前的災劫，帶來將來的苦難。這個意見，與吳國楨的意見是相同的，誰是國家的危害者，不能由張道藩指定的。台灣「生人勿近」的作風，張氏怕下級人表現不夠，還要現身說法，那就過於沐猴而冠了。

張氏如此賣力的，以「又肥又胖」的說話，以攻擊吳氏的健康說法。實在，這些話，副刊作者，已有失於輕薄，立法委員，也難出於口。而張以院長之尊，回了委員地位，其目的不過丑表功而已。張氏在藝術文學而至政治，其智識雖未得推許，但表見無多，我們也不輕視，但現在見到他與吳的論戰報導，所謂院長，本領不過如此。再而加上態度又是如此，國民政府的達官，如此如此，過去之所以失敗的原因可以了解了，而將來如何成功，也可以推測而知了。服之不稱，身之災也。官之不稱，國又如何，台灣不實行民主，根本改革，不但要太息長嘆，而且要痛哭流涕了。可憐！《自然日報》的捧官專家春風，卻以張氏有難當的詞鋒，真是狗屁是香的了。（見〈送炭集〉之張道藩院長一文。）

《自然日報》自從該報社長姚湘勤，主筆李劍鋒觀光台灣歸來之後，〈送炭集〉中，都是乞兒所乞的死蟹，個個都是當然的。（但還不及孔祥熙的聖神。）他們是支持張道藩，副刊捧其詞鋒之外，社論則捧其政見，三月二日的社論，盡其呼應能事。該報以為吳氏「屢以惡言相饗政府，這與李宗仁如出一轍」。復提出主張，撤銷了吳氏的護照，限令歸國，要他負「不實不盡」的責任。還沒有說出的，祇是明正典刑而已。我們就是憑張道藩的報導以觀吳氏之論，不過指摘之不實施民主，其目的，不過對國家求好罷了。吳氏為了爭持政治的民主，不惜許之辭官，所謂紗帽一丟，絕纓而去。而其言論，也限於政治民主為言。為主張而爭持，為思想而立言，是政治家應有的風度。不但不似李宗仁，祇斤斤於權位之爭，除「還我總統」之外，言不及義，心不在國。且亦不似該報所力捧之孔祥熙，以國家的財富，在美國逍遙。而該報乃厚於孔祥熙，薄於吳國楨，以李宗仁喻之，可謂不倫之至。同時，又拾張道藩之唾餘，以第四勢力目吳，把第三勢力與之並在一起而罵，深文周納到如此，張氏既不自惜，該報當無自惜之理。第三勢力固曾以反共及反蔣並行的。但亦未如該報所云：「共可以不倒，蔣不能不反。」吳氏不過以台灣不民主，不與之為伍罷了。對於蔣，可以說是好意的希望，不是惡的反對。不過張道藩的地位，非政治獨裁，實無由致之。張習於獨裁已久，忽聞民主之言，便見逆耳而動情，血脈僨張，欲得吳氏而為快，遙想其可掬之態，實可憐亦復可笑。《自然日報》多情，亦斷之曰反蔣。反共是大前提，不必有疑問。但反共而不反蔣者，不過是投鼠忌器，憂屋及烏，並不似一些對蔣要有依托幻想者，無條件而擁護之。蔣而為國家也，無人能反之，如不為國家也，反之又有何顧惜。中國非民主沒有前途，蔣要繼續獨裁而不民主，以之反共，不過以毒攻毒，以暴易暴。明智之士之對蔣，所以在反對與擁護之外，望之趨向民主者，不但是對國家愛護，也是對蔣之事業愛護，吳氏的意見，是代表中華民國人士大多數的意見，稍有肝胆與頭腦，固為之同情。即蔣在夢回魂轉之際，三復斯言，也知道要他實施民主的人，要他實行三民主義的人，不是反他的而是愛他的。而一些工作人員，以蔣為神聖，逢彼之惡，增彼之罪，雖日呼萬歲，又何曾是愛他，不過將他事業與人生，推下深淵去而已，吳氏合則留，不合則去，就官職而言，求仁得仁，是無所憾的。但國家是有份的，不得不在辭去官職之後，而發其國民之言論了。《自然日報》要比張道藩更賣力，以為反蔣就是彌天大罪，將之加在吳氏頭上，要作孤臣而不知所以危涕，要作孽子而不知所以墮心，多情如此，好夢將來乎？該報又說：「風雨飄搖，不合力共濟，而時向舵師謾罵攻擊，欲自掌其舟，又無掌舟之力，長此不已，祇有速舟之覆而已。」就這比喻而言，吳氏之言，並不是對舵師之謾罵攻擊，剛剛相反，乃是不能任此獨而愚昧的舵師，將之向危險的地方開去，召覆舟之禍，而同歸於盡。以提醒舵師的言論，以當為謾罵攻擊，反而謂此提醒者謂欲掌其舟，可謂厚誣賢者。張道藩拜齊白石為師，學不了盡，而該報主筆，做了張道藩的私淑弟子，乃接其詞鋒罵謾攻擊吳氏了。

該報接著大罵美國之一部政治掮客，而說吳氏是受他們利用的。這就是張道藩所說的：「一部份對中華民國有成見的人。」我們是知道的，美國有不少人士，以蔣之獨裁為嫌的，美國是民主國家，美國人的民主修養有自，其反對獨裁，可以說是成見，他們以此成見，希望中國民主，並不是壞事。我們知道，被赤色宣傳所迷惑的美國人士，如馬歇爾等害了中國，是要不得的。但其他希望中國政治民主的，不能說是要不得，反之，我們要求實行三民主義的，當然希望民權主義的實行，對於希望中國民主的美國人士，也歡迎之不暇。台灣當局，是要美國物資之援助，不要精神的援助（民主精神），但中華民國明智之士，則有「精神重於物質」的要求，假如當局能接受此精神援助為先，則物質援助，情有大量以繼。他們不反省一下，美國物資援助，何以對台灣獨吝。他們反而要以求民主的中國人為叛逆，以要求中國民主的美國人士為政治掮客，不是吃了獨裁政治的迷魂湯，何至於此？而該報反以此種美國人士，是師舊日「日本人的故智」，挑撥「政爭」，並把一個美國人士從未理會的李宗仁，拉之與吳氏相提並論，謂為同被利用，真是白日見鬼了。

「今日中國最重要者，祇有反攻大陸之一項」，是有理由的，若說「其他皆非所急」，那就沒有理由了。沒有「其他」，試問如何能反攻大陸，反攻大陸如能成功，反攻大陸之後又何以善之？要把「反攻大陸」為口實，任所欲為，不准人有所異議，即善意的貢獻，也不准上瀆天聽，此乃「沒有其他的話可說」之妙論。說了，就是「在反共程途中，投一絆腳石」。而不知道這不是反共程途的絆腳石，而是反共程途的指路牌，何處去或「危險」的路牌，並不是絆腳石。而那些超額的搭客，閉著了眼睛「開呀開呀」的叫、這不祇是絆腳石，而是騎瞎馬的盲人，要夜半而臨深池。吳國楨並不是孔祥熙，「宦囊飽滿」，陳誠已在立院中，說他並沒有套滙之事，《自然日報》愛孔祥熙，就把孔之宦囊，當作吳之宦囊，即吳答應，孔亦不答應的。狗咬呂洞賓，實在有些那個的。還仍不已，且劇烈地主張：「台灣當局，如自問無他者，則對於一切不穩份子，實不宜再為姑息，以亂反共步驟，才須盡用，惡須盡去，這八字真言，亦反共網領之一啊。」那麼，似吳國楨般，向台灣進民主之論者，皆為不穩份子，就非斬頭示眾不可（不姑息）。台灣當局將其八字真言做綱領，則匹夫無罪，言民主有罪，是當然了的。所謂才是甚麼事，又是甚麼人呢？迸之四夷的，吳國楨而外，不知多少人了。不過，「反共救國會議」的性質，陳誠就接受而非將之改變以符合於八字真言不可能的了。

與《自然日報》異曲同工的，就是《工商日報》，一再而論吳國楨事件，在一個綱領之下，以不同的手法出之，於三月一日社論中，以「民主與團結」為題，再予吳氏以攻擊。不但以李宗仁喻之，且以過去汪精衛喻之。是的，汪在民主運動中，以「不民主」抨擊當局。但到了他長行政院而後，就不說民主了。吳氏將來如何，此時不必推論。他之主張民主，如張道藩所說：「吳氏在台灣主席任內時，迭次表示反對台灣政策。主席職也得辭掉了，政務委員辭不掉也掉了。汪之言民主，為了要做官，吳氏官也不做。既知『今日的吳國楨，尚未致於如汪派悍然降寇。』則以之比汪，以為可以加重吳氏的罪名，而不知乃不為事實所許可。」該報以為政府對吳氏的任用與准辭，對他個人，「民主已極」。但吳氏並不似他們所擬的汪氏，但求「個人民主」，如一般政客者焉，而乃斥之曰「荒謬」，論據也過於勉強了。該報以吳氏喻台灣大樹之枯枝，去之並不影響於大樹本身。既為大樹，去了枯枝不影響，即去了壯枝，表面也不如何影響的。但旦旦而伐，一枝去了又一枝，那大樹就不能免於飄零了。這顆大樹，在大陸翻根倒了一回的。吳氏怕他也出力種過的大樹也倒了，才大聲疾呼，當然的，台灣當局，並不即因吳氏之言而影響。此影響當作倒台解，當然不會。但對國家，不能說沒有影響，當局以之為諍言，實施民主，會不會有此影響，也未得知。但在關心中國政治的中外人士，知道了台灣水幕之中，也有忠信者在，堅定了大家對民主的要求，於將來不能說沒有好的影響。是吳氏事件，《工商日報》以為不幸，我則相反，卻以之為幸，人心不死，事尚可為，知道了台灣官心也未死，當更為有為了。假如其他的文武官員，對民主要求，也似吳氏的忠誠，則後頭必有好戲可觀的。

吳氏以台灣不實施民主而辭職，而發言。而該報之攻擊則是：「吳國楨身膺政府要銜時，自以為民主不過。一旦失職失意，又以為不民主，這將何以自解？吳國楨做官時有做官時的認為自由，沒有官做時，卻又有他所認為的自由。」事已離實，所謂含血噴人，無所污於吳氏。要如此的運用群毀以銷其骨，作為旁觀者的人們，是看不過眼的。該報的民主之論，確乎其妙的曰：「決定民主與非民主，有一個不可或缺的前提。前提是：凡是有利於團結反共的政治措施。在這前提之下，如不論其技術上的表現是何，結論都是合於民主的。」這就是說：凡有利於團結反共的，獨裁都是民主，這是很好的辯證邏輯，可以是矛盾的統一，不過是庸俗化了的古代詭辯術，不能令人折服的。反共必須團結，那是當然的。但不民主何以團結？擁護獨裁而反共，以暴易暴，反共的意義又何在？說獨裁可以是有利於團結反共的措施，在理論與事實，其問題並不那麼簡單的。人們不能為奴為狗而團結，以暴易暴而反共。說凡有利於國家的政治措施則可，抽象地僅為有利於團結反共，理由是不周延的。吊民伐罪可也，以暴易暴則不可也，我希望《工商日報》主筆，清夜一思其言論，是否有利於國家民族，則對吳氏欲加之罪，就要慎重，不再那麼若隱若現，不曲不折云。

該報又引過去共產黨攻擊政治不民主的宣傳，來批評吳氏對民主的意見。他們自己知道：「也許會招致非難」的了，但又何以要說呢？也許這就是「射擊紀律」了罷。共產黨根本是反民主的，但如當年政府的措施是民主，他們的宣傳，又何能生效。但政府則不然，在無詞以對當中，衹有做其假民主，宣佈實行憲政。既冥頑而又笨拙的，中了中共之計，還不自知，該報舊事重提，不免令人於邑不已的。虧他們說得出口，這是真民主。因而提出主張曰：「對破壞真正民主的人的不民主，恰巧就是真正的民主。」真正的民主，不但該報替台灣言之，一切赤色報刊，也替大陸的中共政府言之。民主做了陸稿薦的招牌，你說你真正，我說我真正，但所賣的東西，則不是民主的貨色。人民，以及追求民主的人士，就要被不民主的對付，吳國楨與一切為民主努力而死的人士，就罪該萬死，萬死罪該了。

該報對於團結，也有其說法。他們指出共產黨過去也高叫著團結的，攻擊政府破壞團結。這刻也高叫著團結，但在另一方面，也指出一些人為階級敵人。事實是對的，共產黨所謂團結，要一切的人，都為供他們政爭而用，供他們屠殺囚禁的，才合其意義。台灣則不如是，祇要你把一切貢獻於他作政爭，不會屠殺囚禁，甚而還有一官半職的。無條件，無意見的團結，不知有國家也得，知道的個人就得了。不然，就是「誤國之咎，萬無可逭」。朕即國家的政治哲學，現在還能那麼運用自如，《工商日報》主筆，其筆之妙，生花到了出面，吳氏就要被國人皆曰可殺的了。但是，吳氏不過要求民主，並不破壞團結，該報主筆，何以不體上天好生之德，為之網開一面呢？疾惡如仇的觀念，也過於強烈了，要求民主人士的人們，又何免於「恐懼」，有死無葬身之地之憂呢？不過還好：該報的結論，以為由於吳氏的一件事，「促起當局的警惕加勉，未嘗不是我們所極希望的事」。不然，我們就要臨報涕泣，不知所云了。但何以如此對吳氏不饒呢？就是吳氏有所冒犯天威了罷？

我們把張道藩說詞及與其呼應的報刊來看，可以知道他們，如何的以其獅子搏兔之力來對付吳氏了。所謂三尺微命，一介書生，不是遠托異國，必然死有餘辜的。但吳氏何以至此呢？我們不談什麼內幕新聞，但卻記得王世杰被扣留之時，以貪污為罪名而傳出來。所謂貪污，就是套滙，而吳國楨，就被牽在內的。王世杰案至今還不明白，不過，貪污罪名，不得人們置信，又將之抹去，陳誠還有政治道德，在立院證明吳氏沒有套滙之事。對政情有了解的人，一望而知，是有政治鬥爭的事實在，不過局外人不易明瞭罷了。到了現在，我們就吳案發展的情形來看，知道了王世杰與吳同一起的，他之辭職與王之扣留，也是一起的，為了不滿意台灣，對民主有所爭持。張道藩說出了：「因為他主張台灣民主化，而別人則認為反共須用共產黨的手段」。王世杰之無故被扣留，不明白內情，就無從置喙。但做了有關人物的吳國楨，就不能不默爾了。所以，他答覆張道藩，有必要，可以把事實舉出來，他可以把事實舉出來。我以為，他們既如此的不客氣，為了要澄清國內外人士的觀聯，吳氏不必作家醜不外揚的顧慮。我以為，對一些政治人物的損害，並不等於對國家損害，另一方面說，要對國家有利益的。吳氏何以還要瞻顧徘徊呢？大概是蔣過去對他太厚了罷。是的，蔣對吳氏，任用不輟，個人的私恩是有的，雖然，個人的私恩，並不等於國家的大利，不能私爾忘公。但有道德之士，非萬不已，不會如此的。他對台灣的指摘，並不是對蔣，可以說，是要蔣改善的。而言中之物，不是蔣個人，而是一般苟安於獨裁的黨政要人，甚而要以共產黨一套而反共的蔣經國。我們不能否認蔣經國以太子的地位，有其力量的。他是俄國教育出身的人，他的作風，具有共產黨色彩，是理有固然的。他以共產黨一套來反共有沒有用呢？有知之士，未敢以為然的。經國在俄，所受的教育，在過去不高，在現在已舊，不足與現在的俄共及中共做對手，是當然的。子之矛既鈍，人之盾已比前更堅，祇有意外的失敗，沒有意中的成功。反共抗俄的大事，有優才可以勝，有劣必然敗的。即捨此而不談了。經國就能青出於藍的，翻陳出新，能有更高的手段，把共產黨打敗了，再來一套，則國家人民，等於黃台之瓜，能堪四摘麼？王世杰而至吳國楨以此而反對之，我們不能說他們沒有理由的。但是，他們反對不得的了，王世杰既消息沉沉，吳國楨將不得不出其一馬了。我想，王案一日不了，則吳氏就非家醜外揚不可的。這事，不但蔣介石先生要有所處置，蔣經國也見有所警惕，改絃更張才是。不然，蔣氏家臣如張道藩之流，是要盡忠盡孝，弄出岔子來的。不過，我們見到與台灣有關的報刊，對於吳氏，作有組織的攻擊。他們有無悔禍之心，我們不能有肯定的答覆的。但我們旁觀者清，知道了吳國楨之對於蔣並無惡意，可以說，蔣能接受，他對於蔣之人生及事業，是有貢獻的。對於經國，亦是如此，蔣氏父子的前途，其光榮並不決定於逆乎潮流的獨裁政治，而是決定於順應時勢的民主措施。但良藥苦口，忠言逆耳，沒有大德行大智慧的政治人物，是不會接受的。現代史由蔣繼續下去，還是開另一頁呢？歷史家時等待蔣氏父子作最後的決定。

而吳國楨的言論，不過是時代輪齒之一輪或一齒而已。這個輪齒當然跟著來動。誰在阻檔，誰就要被碾碎了的。大江東去，浪淘盡千古風流人物。蘇東坡說過了。實在浪潮來了，人物風流的也被淘盡，何有於不風流的呢？不過，人物是風流的，使後人故國神遊當中，還以一杯而酬江月而已。詞家多情是無情，史家無情而多情的，你可以不管身後是非，蔡中郎有人唱，長恨歌也有人唱的。

我們把吳國楨事件來看，便知道中國的民主運動，在過去是如何的艱苦，將來是相當的有望了。戊戌變政，君主立憲是流產了一次。辛亥革命，民主共和是夭折了一回。北伐成功之後，被凍結著，共產黨得志，就連根帶苗也拔去了。我們把五十七年的歷史重溫一下，由康有為梁啟超，到了孫中山先生，他們傾其生命之力，與他們所領導的同志之血，不知出了多少，流了多少。但民主到了現在，還在虛無飄渺之間。不過，其理論已深入人心，而世界潮流，亦奔趨而來，不但反動的布爾什維克式的專制，不為所容，即陳舊的法西斯式的獨裁，又何能容。所以，局面不變則已，一變了，則大陸的共幹，與台灣的幹部，必能應乎天心，順乎民情，以民主做其政治的目標，產生一個新的形勢。我在消息中，知道了大陸共幹，有其秘密的活動。在報紙上，又見到吳國楨的公開談話。長夜漫漫之中，見到了一星之光，一聲之響，都是好的。我是三民主義的信仰者也曾做過民主政治的跑龍套，搖旗吶喊將及三十年，以主角不行，卻以悲劇收場。而我呢？則一身落托，萬事乖違，是不足道，但對於民主觀念，死而不改的。我之所謂民主，不是蔣介石與毛澤東之所謂民主，也不是一般政客黨棍，目的是獲得一官半職。而是希望孫中山先生民權主義的民主制度的實現。我以為，孫先生的民主政觀，是以道德為基礎，比之西洋的民主政治，以經濟為基礎的，比較進步而正確。我知道，現在一般談民主的人，齷齪的政客黨棍，目的在利祿不足道，即純潔的民主人士，其智識也僅知道西洋的民主，以陳獨秀來說罷，他在晚年，飽受共產黨教訓之後，也僅回到資本主義的民主觀念，不能進一步了解孫中山先生的民主政治思想。孫先生把西方的民主制度為形，以中國古代賢良方正的民主觀念為精。把資本主義的民主形態，化作社會主義的民主精神。吳國楨的政治思想，與胡適一樣，是美國式的民主，與陳獨秀也差不多，是西洋的，而未進於孫中山先生的。但是，到了將來，美國的民主思想，到了中國之後，有孫先生的主義為基礎，當然是進步，與正確的。所以，吳國楨的言論，必然有影響，而是有一個好的影響。他很像當年公車上書的康有為，但蔣氏父子是光緒帝還是西太后？則有待於下回分解了。

屬稿至此，復見到二月五日的時報社評，以「泯除私見，痛切反省」為題，而「斥吳國楨所發表的荒唐言論」。這是官方的態度，與依官及半官報刊之劍拔弩張，有所不同。官樣文章，不得不爾，但說「此等做法，簡直是學步李宗仁淑後塵」，可謂同一鼻孔，噴其「沼氣」了。不過，在態度，與技術方面，是比較高些，大概要負責任，不得不要措詞慎重罷。如所說，「不民主」之辯，還有理可言，有故可持，並不完全以謾罵出之，而對吳提出，「照民主政治常規以求正當解決」其不同政見，此宣傳的態度，不致如何惹起人們的高度反感，值得其他依官半官報紙的主筆來學習的。不過，該報謂吳氏是「顛倒是非，抹煞事實」，那就近於要以一手來掩盡天下人的耳目了。

「吳國楨究竟以何理由出國，以何動機而發表謬論，我們無由獲悉。但憑常識判斷，他的論據都十分薄弱。」這是好文筆，沒有政治宣傳智能，是做不到的。依照常識來判斷，不但不薄弱，而且是很強烈的。實在，吳氏的理由與動機，局外人的我們，已能依常識來推得，該報主筆豈有不能「獲悉」之理。知之為不知，做過政治宣傳的我，是明白此中道理，要予以原諒的。地位不同，發言有殊，也不必予以若何深責的。不過，那又未免過於委屈吳氏了。經驗告訴我，做黨派宣傳工作人員的文章，不願說的話也要說，不願罵的人也要罵，命令所在，綱領所定，個人的良知，時時要被團體的大利所取消的，我想，作者的良知，要在他交卷之後，暗中叫好的。這個道理，不是插標自賣的依官作者，爭表功勞的半官作者，所能知道的了。實在，吳氏出國的理由，發言動機，可以在王世杰案中求之，已經是眾所週知的。只有張道藩，還未脫下級工作人員的稚氣，失態地作第四勢力的推測進而中傷而已。我們由王世杰而至吳國楨事件，依照常識來斷判，可以知道台灣之民主與不民主之爭，過去是存在的。假如台灣還有「民主常規」的話，應該對於王世杰案，謀個「正當解決」，那吳國楨的事件，才不會發生。但事件已發生了，再不謀正當解決，則不能免其發展的，也不能免其影響的。所謂「泯除私見，痛切反省」，對吳國楨言之當，對台灣當局言之更當。總統蔣介石先生既說過：「在反共復國的聖戰之前，沒有個人恩怨，而只有共同的榮辱，和共同的責任。」這是台灣中人所應遵守的，既沒有個人的恩怨，則對於政治主張的異同，如吳國楨案，何以不謀解決，而使一切報刊，對之作總攻擊呢？我的朋友陳君，與吳氏從無交往的，見到了也為之憤憤不平的對我說：「你不說句公道話，吳國楨就要冤沉海底了。」實在，吳氏在美國，而美國又有朋友，不是台灣有關的官吏及報刊所號使之冤沉海底的。不過，問題既與民主不民主有關，甚為重大的，藉此以說一些要說的話而已。我的動機是公道的，理由也是正當的，但人微言輕，不能敢說有什麼影響耳。

依然故我的台灣作風

吳國楨事件的醜惡發展
張道藩形相的卑陋暴露

吳國楨事件發展的經過，可謂不止於滿城風雨，而且是滿天神佛。吳國楨如呂氏春秋之所云：「見惡如農夫之務去草焉，絕其本根，勿使能植。」而台灣的當局呢？則竭其智以拒絕，盡其言以飾非，我們把此事的發展來觀，醜陋之處，就不免於以危亡為懼了。吳氏事件，我曾有長文以為之論，以分黑白、明是非、辯邪正、別忠奸，以公正的立場而有所批評，無所用其左右袒的。並不以「自有見地」而自擬，因為這些見地，眾議有在，不必我來力排的。我所力排的，不過是台灣的官議，由張道藩的朝議，時報的代議，以及半官依官報之謬論。公道所在的人心，我不但不排之，而且要發之，而作為政治的阻街女郎，文化摸袋扒手的文醜，無能與無知作正面的討論，使出其下流小報的看家本領，以吳國楨為「無國精」，說我要引吳氏為知己，希望得美鈔。這個小人之心，無一而不是錢，已路人皆知，以之來度君子，是題內應有之義。

不勞其人醜，其文醜，其行為更醜的文醜，在一犬吠形之後，作百犬而吠聲。當然以為吳國楨是「國人皆曰可殺」的了。但是，國人皆曰可殺的，並不是吳國楨，吳氏過去沒有人要被國大借其頭以謝國人，也沒有似《自然日報》捧為副總統的孔祥熙，被千夫之所指。吳氏在國民政府之下，由上海市長而至台灣主席，皆被稱為政治的王牌。在盟邦人士心目中，是出於「貪污無能」的污泥中而不染的。但何以便要被朝議欲得之而甘心呢？奴才狗才們，以為是國人皆曰可殺的理由，不過是他在美國，指摘台灣若干人的不民主，以共產黨方法而反共的不當而已。這些民主國家司空見慣的事，不必要什麼政治素養，即多看一些新聞報紙，都要知道的，但他們卻似少所見的，要多所怪，以吳氏為大逆不道，群起而攻之。台灣素獨裁行乎獨裁，天王聖明，不容有此，命令一下，綱領隨之，官報等因奉此，不在話下，而要做駁腳的依官報，當然馬屎傍官威，做其跑龍套，也「也也海」的落力拍演，做奴才而唱諾做狗才而呔風了。

台灣之不民主，是眾所週知的。主宰者的蔣介石先生，從來沒有民主過，拿破崙的字典沒有難字，蔣先生的辭典，則沒有民主的名詞。他偶然說說民主，其註解不是華盛頓的，而是與史達林及毛澤東，異曲而不同工。蓋以史、毛要以民主之名，實行布爾什維克式的專制，而蔣則以民主為名，而實行法西斯式的獨裁，他表面沒有墨索里尼、希特勒那麼坦白，雖反民主之實，還要借民主之名。他所以還借民主之名，不過是敷衍於內政，應付於外交而已，為蔣辯護的人，以為他在民國三十七年實施憲政的一幕是民主，但國大代表及立法委員，非由指定，必要恩准才行。當政二十幾年，一縣的地方自治沒有完成，實行憲政，絕無理由的。其理由，不過要經由民主形式做總統而已。這是民主的話，假到了等於掩耳盜鈴，騙人而騙己。可憐一些對政治沒理解的人，以為他是實行民主，因此而失敗於共產黨，不責蔣介石之假，而責民主之非。（這是擁護獨裁者最好的論據了。）王莽恭謙，曾參殺人，何其謬也。蔣到了台灣之後，依然還是政由已出，所謂民主，不但常規縹緲，觀念也稀薄的。台灣的開明人士，誰不為之暗自叫苦？不叫苦而作樂，祇有一些奴才與狗才性成的奴與狗而已。過去由於蔣之獨裁，內而失掉了民心，使中共得以竊發。外而失掉友邦之同情，使美國一筆勾銷，予中共以便利。即到了現在巨大的美援數字，台灣所得最少。美國何以對台灣獨吝？就不願對於與自己制度有異的獨裁權政，作相反的發展而已。吳國楨指摘台灣之不民主，是千真萬確之事，也是眾所週知之事。人們不但不以之為謬，但有嫌其未詳。而張道藩的地位，是由政治獨裁而得來的。當然以之是辱及祖宗的大事，便爾要起而與之拚命了。中國不民主不但沒有前途，而近景也是很黯淡的。蓋以反攻大陸的功效要打折頭，而反攻成功，中國依舊是不可以治理的亂絲。獨裁政治存在的一日，國家無由治平，而人民無由免其災禍的。獨裁政治存在，則個人權位之爭，了無已時的，祇有民主政治，才有國家民族利益之可言。我們討厭國人權位之爭，所以反對獨裁，我們擁護國族利益之謀，所以主張民主。吳國楨責難台灣的不民主，其立場是正當的，其主張也是正當的。蔣之臣僕不以為然，其關係不過是個人的利害。而大多數的中國人不以為非，其關係是國族的命運，觀點是不同的。吳國楨所以見仇於台灣者以此，見愛於中外民主者也如此。日言民主而不民主，與日言自由而不自由是相同的，這是一個可恥的欺偽行為，局外人的我們已聞得厭，吳國楨是幕內人，當然也見得厭了。

所以，他那不民主的指摘，更而來得親切了。除非蔣氏身上能有奇蹟發現，實行民主。但在奇蹟沒有發現之時，吳國楨的指摘，是有人支持的。（最少，有我個人及我談得來的朋友。）

他同時反對以共產黨的辦法來反共的，這是百分之百的正確的政治批評。我們為什麼反共？就是反對共產黨方法。既要共產黨的方法，我們又何必多此一舉而反共？毛澤東以此方法而賣國殃民，蔣介石能以此方法福國利民麼？邏輯上是不許可的。等於毒蛇的方法，毛用之以咬人，蔣用之便不咬人麼？這是以毒攻毒麼？以暴易暴而已。實在，共產黨的一套，共產黨用之，是駕輕就熟。台灣用之，就手足難措了。

況且這個方法，完全來自蘇俄，大陸的中共，蘇俄以更進步的方法，似父傳子般傳之。台灣之所得，如蔣經國所有的，不但是局部的，而是低級的。況且又失去時間性。以如此落後的方法，與進步的方法來鬥爭，不是送羊入虎口麼？共產黨的方法，惟共產黨始能用之，現在非共的人不能用，即過去是共的人也不能用之，所謂太阿倒持，但有自殺而已。要反共，其方法，要非於共，高於共不可的。就行動而論，共產黨無人性與人理，我們而反共，非以高度的人性及人理臨之不可。若而以無人性而行動出之，這不是反共而是擁共。如就理論而論，共產黨是以馬克斯主義為標榜的，反共以馬克斯主義為言，責共不實行馬克斯主義，叫做抱薪救火，我們祇有以孫中山先生的主義反之，以民族獨立的民族主義，反對其鬥爭哲學，無祖國的哲學，以民權主義，反對其階級專政的政治主張。以民生主義，反對其黨團集產的經濟學說，才有成效。不此之圖，絕對不足以反共，亦不配反共。吳氏反對以共產黨的方法反共，其根本觀念，沒有錯誤的。我不知道，台灣要反共，有些什麼理由，來反擊吳氏的指摘，老實說：台灣要反共，依然不民主，依然要共產黨的方法，反共是無功的，而且是有過，如此反共而失敗也，非國族之福，如此反共而成功也，也非國家之福，為之要收反共之功，獲反共之果，吳氏的指摘，乃是逆耳的忠言，苦口的良藥。但不料，好意翻成了惡意，好人變成惡人了。我要比吳氏進一步而肯的說「不民主」，「以共產黨的方法來反共」，反共絕對不能成功，也不能獲果。但吳氏卻以此而結怨與樹敵於台灣當局了。CC頭子張道藩，以家臣的地位，現出豪奴的威態，惡狗的嘴險，一馬當先，而大呼殺殺殺了。作為豪奴惡狗的CC，是以蔣為君親的，由來以之為神聖，不許侵犯不打緊，即恭維得好，而不愜於他們之意的，也不以為然，而吳氏居然逆鱗作諫，這還了得，不將之碎屍萬段，還能雪心頭之憤麼？下駟之材，一身富貴，非政治獨裁無由獲取，也無由保持的。反對不民主，不是要他們的命麼？張道藩要公私兩便，主奴兩利，對吳氏就不得不劍及履及，對付吳氏不可的了。

張與吳之爭論，就已有所批評了。而他再接再厲的，再向吳氏「發炮」，列舉吳氏由上海市長及台灣主席的十三項弊端，以立法委員的地位，向行政院長陳誠質問，對吳國楨，作不正面的宣佈罪狀，在他以為是巧妙的，但對政治宣傳有了解的人，就見得他過於淺薄而醜陋了。第一是：「卅八年四月軍事緊急之際，上海市長吳國楨辭職經過實情如何？」做了一個立法院長也不知道，以為責任在行政院而問之，目的是要陳誠代他宣佈或揑造吳氏的罪狀而已。而所謂罪狀，則自問自答的，在二項說；「一般人都認為吳國楨當時等於臨陣脫逃放棄職守。何以卅九年台灣省府改組竟又任吳為主席。據說：他當時曾毛遂自薦，並行己承認早離上海對不住國家，希望任他為台灣省主席，俾能圖報國家以求補過，有無其事？」臨陣脫逃自棄職守，張以為是「一般人認為」，如此空泛指說當中，又「據說」吳是毛遂自薦。所他自己說的，要行政院為之證實而已。這是刀筆的話，也過於低級了，一望而知，他要把羌無故事實的說法，以誣蔑吳氏。我曾指出過，吳在上海市既犯了如此的過，何以要把僅賸的一省主席，也給他來補過呢？要問有無其事，我可以代之答覆：「並無其事。」國府當局所以要吳氏做主席，不過用他的廉能，得美國之士的尊重，用之目的是誘致美援，是大眾共知之事，張氏之問，等於脫褲放屁罷了。如張氏所云：吳氏如此沒用，也再用之，不知而使之耶，世界有那麼便宜之事？知而使之，也過於不智了。張向行政院來問，難過的並不是吳國楨而是院長陳誠。但吳氏之用，則由於蔣，責任不在陳而在蔣了，張氏何以不問蔣而問陳呢？對不住國家，在自薦當中，僅以一「補過」理由，便得做主席。何以台灣有「立功」能力的人也不用，反而用吳，不但不智，也過於無知了。不智無知如此，不是張氏問了起來，我們還不知道呢。於此張氏又低能地轉入了第三問曰：「據報他在台灣省政府主席任內，未經行政院核准私自濫發鈔票，行政院何時發現，先後私自擅發鈔票若干？」如張氏所說，發鈔大事，可以不經行政院核准，數年之間而不過問，沒有知道，這還是什麼政治體統。張氏何時「據報」，並不指明，但如所云，是現在才「據報」的，那不是過於蒙昧了麼？何以過去無報可據，現在才有報可據呢？不過是要行政院自我檢舉吳國楨而已。事果屬實了，吳國楨有罪了，陳誠有沒有罪，監察院及行政院有沒有罪。如此鈔票大事，任他胡塗下去，則整個台灣官員，不但是飯桶，而且是馬桶了，身為立法院長的張道藩，還有臉來質問麼？要行政院來構陷吳國楨，與其公開質問，不如秘密製造？這不是打開了自己肚皮給人看麼？還又未已，進而有第四之問：「聞吳國楨在主席任內，對於外匯及貿易暗中操縱，請行政院查明詳情答覆。」他如此的有「聞」而問，假如有人一問張氏：「你從何處聞來的」，試問何以回答？如是公事之聞也，可直指出，如其道塗之聞也，行政院何以答之。這事不似發鈔票那麼公開的，說無就多此一問，說有就得有證據。操縱外匯，不能瞞過美國人士，操縱貿易，也不能瞞過台灣人士，有操縱，早已中外譁然，不待張氏之問了。我沒有理由相信張氏之「聞」，有什麼事實的根據。假如相信了，台灣一島之地，耳目能及，何以也任其如此呢？不知道說不過去，知道了，也到了現在才提出來問，打句廣東說話：「死了半橛」麼；虧他還有臉作此一問。

還有第五問：「台灣林產問題，弊端甚多，聞吳國楨在林產方面，上下其手，獲利甚多，行政院過去曾否發現」。這也是問得可笑的。行政院過去有發現而不揭發，則責任是不能辭的。過去未能揭發，責任也不能辭的。陳誠要請為他執筆作施政報告的那位先生，也無法有筆墨以為之答的，這不是對付吳國楨，而是難為了陳誠呢。不已，張氏又同性質的作第六問曰：「吳國楨任內主張拋售黃金，借此圖利，為數甚大，請行政院將事實查明答覆。」拋售黃金有其事，借此圖利與否？數目大到若干，那就非製造證據，不能答覆的了。但如何的製造呢？技術上大有問題，要查明也可以的。我可以為之設計，威脅利誘台灣省府財廳一個高級職職員，可以由人證而得物證了。那第七問呢？則是：「據聞吳國楨於交代台灣省府主席職務之前，將五萬噸存糧拋售一空，使民眾認渠不任主席，台灣即無辦法，其拋售糧食之事實如何？」又是「據聞」而問拋售糧食以維持自己的政治聲譽，於人民有益而無害也，他不構成其罪，這問不祗低能，也過於幼稚了。張氏曾攻擊吳氏，說他討好一部份民眾，大概指此了。做官討好民眾，是天經地義。民為貴，社稷為次之，君為輕，這些古老的政治意見，到了現代，尤其蔣氏家臣的心目中，當然不對的。於是，吳國楨是有罪了。這是對吳氏的聲討還是恭維呢？政治有經驗的朋友，不免要掩口胡盧了（並知道他們不要討好民眾的），但不知行政院如何答覆的了。其第八問曰：「吳國楨長上海市府時，派其叔岳丈黃金疇為上海市銀行總經理，於其辭職之前，另派朱慎微接充。現黃朱二人均在台灣，究竟彼等對於上海市銀行之交代如何？請查詢明白答覆。」這是很明白的，要陳誠把黃朱二人扣留審詢，將黃置於三木之行，將朱作有條件之許，不難明白其「交代」情形的。交代不清楚，黃金疇負責吳國楨當更負責了。但張氏沒有考慮到，交代清楚，吳沒有責任，交代不清楚，則是接受的朱慎微責任，也不能奈吳什麼何的。說吳用叔岳丈黃金疇為嫌麼？任用私人，是國府過去的一貫作風，蔣介石既用襟兄孔祥熙，大舅宋子文為財政部長而至行政院長，則吳國楨用一個叔岳丈做銀行經理，又算些什麼？假如吳國楨以此向張氏質問，我就不知張氏何以答覆了。吳國楨不用私人，即對自己也不起的啊！「查詢明白答覆」，又有何用呢？至第九問來得更妙的。「聞吳任上海市長時，上海市警察局調查之人口，總數為五百九十萬，吳竟謊報六百三十萬人，而向中央請求配發六百三十萬人口需之糧，是否有此事實？如有，其每月所謊報的四十萬人之糧。（原註，聞每人二斗）究如何報銷？」又是一「聞」，讓行政院答覆去。但由此我們可以知道，中央是何等的胡塗？人口既經警察局調查，內政部的警政司是有案的。不問而發，發後又不問，事隔那麼多年了，張氏才提出來問，真正家醜自揚了。經此大變之後，卷宗之遺失是當然的，「是否事實」，非「謊報」不可的了。算舊賬算到如此，我替陳誠難過，因為他的舊賬，比吳國楨還難算的。第十問也是如此的：「據聞吳國楨交代上海市政府長職務於陳良將軍時，一切重要文件及帳冊均無交代，其事實如何，現陳良將軍在台，請查明答覆」。又是「據聞」，陳良將軍據實答覆了，假定「均無交代」了，陳良何以當時不報，將吳扣留？若以為時藉慌亂，無暇及此，則何以又再要吳做台省主席？如此對行政院質詢，不是過於開玩笑麼？而十一問呢？及乎細末了。「聞吳國楨將上海市政府之汽車數輛，運至台灣以後，以個人名義出售，得款自肥。聞現在中央信託局賀副局長所乘之汽車，即係吳所出售之上海市政府公產，有無其事？」如此的又一聞再聞，似乎細末，但盜賣公產，罪屬司法，可以以此為根據，把吳氏的政治犯身份取銷，將之引渡歸國了。賀副局長，也非做證不利於吳不可的了。行政院最易答覆的就是這一問了。十二問來得更兇，而又來得最醜的。「吳國楨全家自滬遷台時，運來大小行李九百七十餘件。而其出國時，又攜走行李十大箱，曾要求海關免予開箱檢查。故民間有吳之箱內，皆係黃金美鈔之傳說，此種事實經過如何？」這也是行政院所不容易答覆，不能答覆的。其目的，不過以此「民間傳說」，作為吳氏貪污的證據，使天下皆信吳是貪污，目的便已達到。吳國楨的名譽，在台灣已無法律的保障，可以隨時把自己所揑造，當作民間傳說，於法律是沒有責任的。道德責任，政治人物，從來沒有，不值得掛齒的。這是造謠中傷的技倆，頭腦簡單的人當作新聞觀，吳國楨就是要不得了。（我在元朗朋友家中談天，座便有人據此而大罵吳國楨，友人林君，曾與之辯駁，其宣傳不能說是無效的。）政治鬥爭到如此，也過於卑劣了。而比之還抽象的，還有十三問呢？「其他有關吳國楨包庇貪污，營私舞弊，勾結奸商，謀取暴利的專實甚多，亦請一併查明答復。」這是十二問所不及的，作一結論的訊問，目的就是要行政院，盡量搜集吳氏的罪證，歸案辦理，使吳氏身敗名裂，張道藩指導ＣＣ的渾身解數，全般拿了出來，非解決吳國楨不可的。

張道藩如此的詢問，在法律與道德，雖無多是處。但是，卻有一個中心任務，要把吳氏，由政治犯變做了司法犯，將之逮解返國，賜以極刑。這不祗是張氏個人的做作，乃是台灣整個的做作。關於政治問題，張道藩等不談，讓陶希聖等談於台灣，時報刊社論在香港，對吳氏反擊及抨擊。同時，更發動了所謂輿論，一致不值吳之所為，把吳造成了國人皆曰可殺的人。至於一些政治的阻街女郎，文化的摸袋扒手就跟著來表演身手而立功，希望博得一些夜度資，或者是小銀包，那更當然是落力了。這些工夫做到了差不多，總統的命令，便殿後而來，所謂國人皆曰可殺而殺之事。我們且看命令罷！行政院也懶得答覆張道藩，將總出馬了。此命令是有價值的，即研究的價值。同時，對於台灣的作風，作毫無隱蔽的表現，對於中國的命運，也有不知所可的註定。我們且看全文罷！

「台北十七日中央社電：總統四十三年三月十七日令：據行政院呈：『本院政務委員吳國楨於去年五月藉病請假赴美，託故不歸，自本年二月以來竟連續散播荒誕謠諑，多方詆毀政府，企圖淆亂國際視聽，破壞反攻復國大計，擬請予以撤職處分，另據各方報告，該員前在台灣省政府主席任內，多有違法與瀆職之處，自應一併依法查明究辦，請鑒核明令示遵』等情。查該吳國楨歷任政府高級官吏，負重要職責者二十餘年，乃出國甫及數月，即背叛國家污衊政府，妄圖分化國軍，離間人民與政府及僑胞與祖國之關係，居心叵測，罪跡顯著，應即將所任行政院政務委員一職予以撤免，以振綱紀，至所報該吳國楨前在台灣省政府主席任內違法與瀆職情事，併應依法徹查究辦，此令。」

吳國楨事件，發展到了御駕親征的階段，已經不能再有什麼商量的地步了。我們把此事發展的過程以觀，假如沒有王世杰案的發生，台灣的若干人物，不把吳拉了下去，對他施以謠言的攻擊，說王與他套取外匯，他不會動其肝火的。他出國之後，對於國民政府，在言論與行動上，無不予以曲護，這是看報的人都知道的。但肝火既被謠言之扇撲了起來，就不得不捨其曲護，而予以直攻了。是吳國楨之反對台灣的有力者，不是主動而是被動的，不是他對台灣國民政府不起，而且台灣當局對他不起。再假如台灣有力者還有一些胸懷，甚而至一些政治利害分析智能的話，對於吳氏的言論，在政府方面，祇消新聞處輕輕予以辯正而外，運用所謂輿論，即宣傳機關，重重予以反擊，則問題，不過是「山抹微雲，天粘衰草。」沒有那麼嚴重的。但張道藩要以一個立法院長之尊出馬，問題即不大也大了。而他們惟恐其不大，由朝及野，作全線的攻擊。把大事化小事的原則，倒轉過來，火上加油的，使之煙隨火起，而冒貫九霄，橫投四海了。問題如此的急轉直下，依照所謂近代政治鬥爭的方式，法西斯型的，或是布爾什維克型的，似象棋般，車馬炮士象已出齊，將帥自然跟著來動，總統的明令，便爾發表了。這是蔣氏政權的一貫作風，有政治觸角的人們，早已日暈知風，礎潤知雨，所謂必然的發展，是在意中的，但是，在技術也過於低下，態度上也過於惡劣了。損失的，卻不是吳國楨，而是蔣介石先生，因為總統明令告訴我們，蔣先生是故我依然，而要踐上過去的覆轍的。

總統明令告訴我們的，把吳國楨的政治意見，在行政院呈裡所說的：「散播荒誕謠諑，多方詆毀政府，企圖淆亂國際視聽，破壞反攻復國大計」之外，加上了：「背叛國家，污衊政府，妄圖分化國軍，離間人民與政府，及僑胞與祖國之關係」，便認為「居心叵測，罪跡顯著。」撤免其職之後，要把吳氏「前在台灣省政府主席任內違法與瀆職情事，併應依法徹查究辦」，把政治事件轉為司法事件，把吳氏政治犯的身份，改為刑事犯的身份。下一步驟呢？也許要赴美辦理毛邦初案的查良鑑，再而在美引渡吳國楨返台，將之五馬分屍，以雪心頭之忿的。他們不但如此想，而且如此說，不如此做無以善其後，非做不可的。但能做得到，能否從心所欲呢？國內的人言是不足恤，傳統上是置之不理的。但美國不是蔣氏的屬國，而又是蔣所依賴的國家，是民主的國家，吳國楨是蔣的反對派，政治犯的身分是確定的，即台灣能把刑事的證據製造，罪狀有所羅織，也不能奈他之何的。吳與毛邦初的人格不同，地位不同，案情也不同，美國政府，沒有理由徇蔣之情，違犯國際公法（保護政治犯），將吳交與台灣的。況且，吳的政治意見，又是那麼合乎美國人士對蔣的觀點。要如此做的話，其失敗是註定了的。所謂心勞日拙，祇有丟臉而已。時報台灣通訊，說智識份子，對吳指責他缺政治道德，與缺乏完整的人格。但政治道德是什麼？是奴才與主人的關係，抑是人民與國家的關係。完整的人格是怎樣，是沒有靈魂的行屍，抑是一個對國家有理智的行動者，並沒有說明。但是：「一般民間的反應是，吳的胡說八道，不值重視，而且是件醜惡的故事。」是的，我也以為此是醜惡的故事，但醜惡的言行，並不屬於吳國楨而已！

台灣當局之對吳，在總統明令之前，是利用不健全的宣傳的攻勢，代眾口而鑠金，要造成群毀而銷骨，不顧事理的，把一切惡毒的名詞，加在吳的頭上之後，偽造民意的，來了那麼一例事實。「台北十七日中央社電：國民大會十七日上午舉行第十次大會中通過一項臨時動議，要求政府明令撤免吳國楨現任行政院政務委員職務，並令飭吳國楨即日回國聽候查辦。此項臨時動議，係綜合三案一併提出，其案文為：『吳國楨身為現任官吏，在美竟然發表荒謬言論，詆毀政府，跡近叛國，應予嚴厲制裁案。』決案經審查委員會提出三項審查意見，一、查吳國楨係藉口政見不同在國外散播流言，掩飾其在台灣政府主席任內之種種不法行為，送請政府命令撤免其政務委員職務。二、請政府徹查吳國楨在台灣省政府主席任內之各種不法行為，依法究辦。三、請政府飭令吳國楨迅即回國聽候查辦。上述審查意見，經大會一致無異議通過。」國大代表，百分之九十受他支配，經過了黨團的手法，以「臨時動議」來突擊，即不以為然的，誰能，又誰敢有異議？如此一來，行政院的呈，總統府的令，就有俯順民情的根據了。如此的做神做鬼，以之來做工作人員的資料則可，對於政治有認識與見解的人，不過是表演猴子戲而已。

他們之攻擊吳氏，無所不用的，所謂文化界，教授之類，也不能不爾，胡適，是被疑與吳氏一鼻孔出氣，或者是暗中有關係的，也非有所表示不可的。胡適這回返台的言論，已盡憂讒畏譏之致。而其行動，無一而不自表無他，百依百順。但他們還不放心，要他對吳氏攻擊。於是，三月十七日的中央社，有那麼一條電曰：「胡適博士十七日於聯合國中國同志會演講中，曾指出吳國楨記錯了歷史。胡適說：『吳國楨致國民大會函內，土耳其凱末爾建國時，會自動成立兩個政黨，這話是毫無歷史根據的。』胡適博士說：『凱末爾將軍建國之初，只有一個政黨——國民黨，經過二十餘年的一黨專政之後，才發現其缺點，而培植第二個政黨——民主黨。』」這似是指出吳氏的錯誤，但骨子裡，則指出一黨專政的缺點，要求培植第二政黨，轉而同情吳氏的主張了。

胡氏還怕人們不明白其政治意見，有中央社同日電曰：「胡適博士今晚向數千聽眾演講民主自由之重要性，胡氏稱：西方民主之可愛在於人民有控制政治的權力，政權之轉移完全依賴投票，而不以暴力出之。胡氏指出美國的選舉，開票前無人能預知其結果，而開票後亦無人能推翻其結果，胡氏稱：民主政治中最不可缺者為民主制度，與無條件給予人民自由之權力。胡氏之演說共歷時兩小時，渠反覆強調民主自由之重要性，並舉證極權政治終於滅亡，如希特勒即為一例，胡氏今晚之演講，係應聯合國中國同志會之邀，渠在兩小時之演講中，曾贏得不斷的掌聲。」西方民主之可愛在於人民有控制政治能力，與無條件給予人民自由之權力，獨裁政治終將滅亡。這些說話，是對吳國楨是攻擊還是響應，對台灣當局是恭維還是諷刺，我們可以一望而知，但胡氏苦心了。胡氏返台所發表的言論，此是最有價值的，對於吳氏「不民主」的批評，在理論上有極大的幫助。

吳國楨被張道藩登高一呼，台灣人物及報刊群山皆應之後，就不得不倉卒地，起草其寄國民大會之函了。這也是被迫出來的，誠如時報所說：「文辭並不工整」。是的，這不是工整文章，也不是完整的政論。但他所表明的態度，與所陳述的事實，與他所提出的意見建議，是有其意義與價值的。時報「分析不出其中幾許成分屬於吳氏自身的創獲」，這是對的，理由就是：這不是吳氏個人的意見，而是有政治智識與民主觀念的大多數同胞的意見，一個代言人，不必要什麼

「創獲」的。在台灣當局指導下的反吳言論，屬於謾罵者，百分之九十以上，所謂學者的陶希聖老兄，也未能免俗，其他以雞毛當令箭的狗奴報刊，更不在話下了。我們把反吳的言論搜集來看，祗有三月十二日的時報社評，有樣子，有力量。是的，文辭是工整的，但理論呢？以之與吳之理論相對照，不能說沒有問題。但以台灣的不穩立場，能有所辯護，不能不說是好文章了。但文章雖好，對於問題的解決，是沒有用的。為要把一般人是非之心作表白，乃就吳氏與時報的言論，作比較的批評。

吳氏的函，有陳情表的性質。他把他所以如此的原因，起首即作坦白陳述曰：「吳遠在國外，忽聞電訊報導，對吳有攻擊之辭。吳對於私人問題，事實具在，不願置辯。然而對於國家前途，在此顛危之際，自不能不有所聲述。天下興亡，匹夫有責，況吳深受國家培植，何敢含默？吳棄官浮槎，原為政見之不同，隱忍十月，亦係企求當局之自悟。然而謠諑繁興，毀吳清白，含沙射影，來源有自。吳迫不得已不得不稍有透露，藉以催促當局之反省。然而反不見諒，拒絕善意的批評，造成聲勢，迫楨不得不言。楨思若仍此含默，則對國家是不忠，是為怯懦，是為虛枉，楨不願自絕於國家之政府，亦不願我國家之政府，自絕於我國之人民，故敢披肝瀝胆，痛切陳詞，為我國家最高權威之機構國民大會言之。」吳氏事件發生之初，我指出，是由王世杰以貪污為名被扣留牽及吳氏而起。（後來當局又否認王氏係負污，陳誠也說吳與王無套匯之事。）與此所陳的來印證，是符合了的。他雖說不願為私人問題而置辯，但又說不願清白之被毀，不得不稍有透露。但一不做，二不休，把政府的不民主，作不客氣的批評，時報說看不出有「公忠體國的苦心」，而斷定了「國人無不大失所望」。但是，我以為吳氏之函，不似李宗仁之言不及義，作還我總統之喊，而是「對於今日自由中國的庶政興革，獲得有價值啟示。」假如我不被否認為中華民國之「國民」，我就得抗議：對吳氏函中所述，不但沒有「大失所望」，而且寄以同情。若說他拾取友邦人士走馬著花及霧裡觀山的印象，及有成見的言論與報導，那就過於抹煞吳氏函中所述的理論與實施了。時報所引證，對自由中國有成見的美國民主黨領袖史蒂文生及最高法院大法官陶格拉斯，訪問台灣之後，承認中國政府的重大努力和進步。實在，如此云云，還有很多文武官員。但是，所謂進步，是指軍事的，最多也不過及於社會經濟，少及文化，也不及於政治。統治的一時穩定，並不是代表政治進步，如此的穩定，過去陳濟棠統治廣東時也能之，現在毛澤東在大陸也能之，古代的秦始皇能之，羅馬的凱撒大帝也能之。這不能說是政治的進步，相反的，乃是政治的退步，若以之來做雄辯，是不夠力的。吳氏之論，在英美兩國是常見的，但在台灣，便大驚大怪，大發雷霆，說是進步，不祇欺人，天也要欺了。不深悉台灣情形的人，不但要引起疑慮，深悉台灣情形的人，而且引起莫大的憂憤的。因為斑斑在人耳目的「是非曲直」，大家是心裡有數的。

吳氏很握要的指出：「大陸喪失，痛定思痛，凡我國人，莫不負責。台灣一隅之地，苟安終非長局。漢賊不兩立，王業不偏安。然圖恢復大業，必先取得下列條件：一、台灣八百萬同胞之竭誠擁護。二、海外一千三百萬僑胞之中心悅服，及三各友邦，尤其美國之有力及不斷的同情與援助。若思取得三項條件，則各須棄拋個人一人或一家之思想，完全接受國父遺教，實行真正民主政治，始能收其效而得其功。」這是對台灣的良藥忠言，是絕對正確的，中國者，中國人之中國也，不能由一姓，一家，一人所得而私之，此乃今古不易的公論，不是吳氏個人的私言。對於國父遺教，主張「完全接受」，是每一個人，都有權利對蔣提出的要求。我曾數數論之，蔣介石利用孫中山先生的威靈，取得天下之後，即將三民主義凍結，把孫先生天下為公的精神，改做天下為私的行為。神州陸沉，蔣實不能辭其咎也者。國人經此教辭，知者不止吳氏，而吳氏卻代表了每一個對國家有責任，對政治有認識的人，要蔣「完全接受」，義正辭嚴如此，台灣當局，是不能有何辭以答，祇而破口大罵而已，張道藩不足論了，總統明令也是如此，這是什麼事，又是什麼話？所謂搔到癢處，便爾老羞成怒，政治作風如此已不祇於依然故我，而且是怙惡不悛了。在他們以為宣傳攻勢之可憑，吳氏可欺了。時報主筆，對此不予答辯，當為良知所支配，但命令所在，祇有捨此而言吳氏的六項意見了。

吳氏說他「本國民黨黨員，自問一行一為，從未違背孫中山先生遺教之處」，在此次爭議之中，其立場是十分鮮明的。可是，他對於一黨專政之論，民主是虛偽，集權是實在。「就目前國民黨主政方式而言，則完全未照孫中山先生遺教而行」，「操縱把持，與基本民主政治不合」，那是鐵般的事實，是不可以否認者。但吳氏對於「以黨治國」被蔣改為「一黨專政」的史實，沒有指出，遽爾以英美的民主觀念，隨便地說：「凡民主政治之實施，最少須有兩黨存在」，授時報以柄，指他對於國父手訂施政程序的建國大綱「茫然不知」。所謂以黨治國，乃是以三民主義，即黨的主義治國，並不是一黨專政。但北伐成功之後，一黨專政不過藉名，實則蔣介石一人專政而已。吳氏不此之言，僅提出了國民黨經費由國民担負為不合理，那就過於枝節，給時報以說話的機會了。時報承認三十七年行憲以前是一黨專政，但卻說：「根據建國大綱規定，在憲政時期之前要經歷訓政時期」，那也是事實。但是，軍政時期一過，即要實行訓政，訓政的主要任務，是實現地方自治。並沒有如時報之所說：以各級黨部代行各級議會職權。（手頭沒有建國大綱可參考，記憶似如此。）蔣介石當政，以CC把持了由中央而至地方的黨部。國民黨中的革命份子，被排棄淨盡，所謂黨部，代表不了黨意，更代表不了民意。故二十多年以來，從未實現一縣的地方，自治對建國大綱，是吳氏茫然不知耶？時報主筆一查史實，內心不知是什麼滋味了。所謂「那一制度是適應實際需求而產生」，手法雖好，卻非事實所許可的。我們未被宰殺的國民黨人，創痛尚新，記憶尚在，又何必問之「未來史家」？殆以為未來史家，可以為宣傳文獻之所愚乎？此可以以之抨擊吳國楨個人，不能掩盡天下人耳目的。時報更而指出吳氏兩大黨之論，說實行憲政而後，曾輔助黨外之黨。就表面而論，是如此的，但內裡就不如此了。所謂憲政，並不經由孫中山先生所規定的程序，在地方自治完成後而實施。反之，反之，且取消了地方自治，以黨棍來壓迫人民，已經沒有憲政的基礎。故所謂行憲，並不是把政治權力，還之人民，而是把國家大位，給予蔣介石個人（做總統）。這樣子的行憲，不但有違於憲，而且有辱於民。黨外之黨，如青年、民社兩黨，政黨的形式與精神未備，不過妾婦之養，他們博取恩寵，爭分羹飯，過去以為點綴，現在以為資料。吳氏不把這些事實指出，使他們振振有詞，進一步謂立法院監察院已代表民意，發揮了「制衡作用」，而引台灣電費加價之小事，彈劾李宗仁的醜事為例，這就說是憲法精神，不免令人可笑而又可氣了。時報更巧妙的，以台灣實行耕者有其田，吳國楨反對，國民黨員不同情為根據，而說是「說明了今日中國政府中，制衡作用已在充分運用」，那不足以服吳氏的。（我也不服。）吳氏所謂政黨法的議定，其見解過於書本化，可以討論的。但時報說他：「實近於束縛人民的集會結社的自由」，那就過於移屍架害了。蔣介石當政而後，何曾有集會結社的自由。憲法上所規定的，人民基本的自由，不但集會結社，即言論自由，也是沒有，而反口以噬吳國楨，道理是有了，沒有良心何！我以為吳氏所責難的，謂為未翔實則可，謂為「誣罔」則不可，謂為疏漏則可，謂為誤解則不可。確鑿的事實，我也大略為吳氏作補充了，不知時報主筆先生見到，作何感想耳。說蔣氏作風「與民主政治不同」，是對的。除了政治白癡，不然，不會說蔣氏的政治是民主的。吳氏並不誣罔與誤解台灣，而台灣諸人，卻把吳氏誣罔與誤解了。假如時報不為命令所蔽，那就不免於啞然失笑了。吳氏所引土耳其的兩黨史實，把開國之後寫作開國之「時」，使胡適也得機會以敷衍，提出指摘。實在錯誤的，不過一字之誤，便弄成時間之錯，（也許是筆誤。）但史實的大致並不差的。這些指摘，又何曾能損吳氏於多少呢？

吳國楨是反對軍中之政治部組織者，是的，過去軍中之黨代表及政治部制度，是來自俄國，無可諱言。其目的，是使軍隊之官兵，有政治智識，在作戰之前後，能夠所以善其後，以政治來補軍事之不及，原意是甚好的。國民革命軍在北伐中所以得到勝利，政治部制度，不能說沒有幫助的。但自特務制度建立之後，政治部對內之組訓工作，對外之宣傳工作，即變做了情報工作，及領袖的擁護。有背景的做了官兵的監視者。無背景的，變做了部隊長官的附庸，而墮落者則以政工為名，吸收良家婦女，來做等於營妓的工作隊員，由於政治工作性質與人員之變遷，而部隊長官在軍事第一的觀點下，對於工作人員，不以特務視之而敵視，便以副官視之而鄙視，已不似當年之合作無間了。所謂政治工作，共產黨是有特長的，理由就他們是有黨的訓練，國共合作之時，他們為國民黨亦為共產黨而工作。國共分裂之時，他們也滲入而為共產黨工作。而國民黨對於此種工作人員，舊的被排斥，新的沒有正式的訓練，中央政治學校，似是製造此批人材的。但所要求的，不是當年的革命精神之表現，而是現在做個人的爪牙，政治部與軍官之間，便水火而不相容了。現在台灣的政治部，在蔣經國手之，當然是共產黨的一套，又是特務的一套，吳國楨所指出的：「上至將官，下至走卒，其對政治部的觀感，惡劣至無可復加之點。甚至可言，一朝作戰，必須先殺政治部人員」。這何止是吳氏所指摘，即美國駐台的軍事人員，過去不是也提出要撤銷麼？吳國楨對於政治部之存在，並不是要絕對撤銷，只是主張以有國家思想的人來主持，不讓一人一黨包辦而已。這個問題，或存或廢有問題，如何存之也有問題，是值得注意，非專論不能答解的。但就現在而論，以蔣經國為主的政治部，確如吳氏所說，摧殘士氣，並且阻礙軍隊國家化。還不已，且便利於共產黨滲入。我要比吳氏更具體的，指出補救之方法。我主張要以對政治有認識，對三民主義有信仰的人，以國家第一的立場，製成組訓的方針，宣傳的綱領，第一把軍隊由個人化變為國家化，第二把特務的目的，變成協助的目的。在反共期間，共產黨又是長於政治工作者，政治部有其存在意義，如時報所云：政治保衛，軍中教育，軍中康樂，軍民聯繫之必要。吳氏僅及於「反共意識的訓練」，是過於簡單的。政治部的存在，不祇今日，在大陸時也有的。但能否做到時報所做到的工作呢？撫今思昔，不能沒有疑問的。吳氏的意見，雖未健全，但並不是無所見而發的。時報本台灣的意旨，說吳氏：「造作蜚語，挑撥軍人與替軍人服務的政工人員惡感」，更而認定吳氏「對自由中國最惡毒的中傷，也是對軍人的重大侮辱」，那就過於冤枉於吳氏了。吳氏所反對的意義，時報主筆是不能提出討論的。

吳氏是反對特務橫行的。他自承在台主席三年，「幾無日不在與特務鬥爭之中」，其事實則是：特務組織「干涉選舉，擅捕人民，威脅敲詐，苦刑拷打，所在皆是。」眾所週知，蔣介石先生的政權，是特務第一的，過去之軍統與中統，最為有名。軍統在抗戰之中，做了不少工作，其所立之功，還可抵其所犯之過失。但CC所主持的中統，不但不足以應付共產黨，而且破壞自己的政治及社會形式的組合，與精神的團結，未聞立其功，但聞長其惡。自戴雨農死後，軍統原有的精神，隨組織而瓦解，特務精神，幾全部中統化，頗似明末的中官，對國家是政治的白蟻固無論了。即對蔣，也是成事不足，敗事有餘的。蔣的成功並不靠特務，但其失敗竟誤於特務。其中弊害，早已萬口爭傳，吳國楨是政府大員，知之甚悉，不過為之證實而已。但吳氏並不根本否定情報機關之存在，且主張擬定國家安全制度，明白規定特務機關的權力，且要以美國之聯邦調查局為制度為參考。再主張「對於主持此機關之人選，更應慎重，不得由當局派其戚屬主持」而已。時報以吳氏的主張，是共產及其同路人攻擊自由中國的口頭禪，不但歪曲了事實，而且是無視吳氏的意見。「人民正常生活也難免因嚴密肅諜而稍受波動」。「數年來政府為避免發生矯枉過正的愆尤，對此種工作力求改進」，時報是不諱言的了，不過吳氏文章沒有那麼委婉，坦率陳詞，就變做「危言聳聽」了。吳氏貴為主席，也不免於特務的干擾，他說「人民權利幾已剝削殆盡」，似非想當然之詞。時報否認台灣非警察國家，以吳氏及其家人輕易到美國之事為證。但卻忘記了，吳氏辭主席之職，還為政府大員，面子是有的，況且他又是台灣所依賴的美國人士所推許的人，不能不投鼠忌器的，況且吳國楨說主席任內，「曾努力訓誡，捕人必先有犯罪證據，搜索必須經過法律手續，但職權所限，無辜被捕被殺的，實不知有幾何人數。」他貴為主席，不能作人權的保障，時報不能否認此事實。吳氏建議「組織委員公開，接受無辜被捕及非法受擾者親友之控訴。並分別派員往各種公開或秘密監獄及拘留所實地勘查。若此委員會果能成立，楨當就其所知，供給材料。」這是保障人權最好的方法，時報所說非虛，政府要「改進」，應該如此才是，反而以吳氏為誣蔑，為政府護短及卸責如此，文章雖好，其如事實何？

蔣介石先生主宰的政府，言論自由的範圍，雖不似共產黨的狹度，但寬度也並不大的。「報紙停刊，記者逮捕」，過去在大陸，已是家常便飯，從事過新聞文化事業的朋友，身受者有之，目擊耳聞也有之，政府中人亦無有不知之者，但不似吳國楨之敢言而為之作證而已。吳氏因此建議，「對於過去之非法措施，追究其責任，藉以樹信於民，使言論自由得以保障。」這是自由中國千千萬萬新聞文化界人士要提的問題，要表的主張，時報謂為「抹煞政府維護言論自由的重大舉措，絕非公平之言。」難道時報之言就公平了麼？時報引胡適之言為據，「我在台灣所見到的言論自由，有些地方遠超過許多人的想像。」胡氏之言是否由衷，且按下慢說，是否有幽默性，也不必曲解。但就他所徵引的《自由中國》雜誌而論，其理論所在，我已在〈胡適被軟禁的謠言〉文中提過。而《自由中國》被扣留之事，我們並不健忘，印象還在。當此事發生之初，我曾有所批評，說以那有被台灣推許的胡適做發行人的雜誌，也受如此干涉，其他更不必問了。以《自由中國》雜誌為例而為言論自由之證，除非我們沒有記憶，不然，是不能相信的。時報之論，是對吳氏的反擊耶？抑對吳氏的反助耶？時報又說：香港非共反共的各大報紙，幾全部可入口銷行，若干定期刊物，也暢銷無阻。但是，其先決條件，要在範圍之內，尺度之中的，那就不被提起的。如此言論自由，雖然不是大陸之所有，但也並非台灣對言論自由，有合理的維護。我再舉事實來問，海外報刊的作者，對自由中國政府採取批評態度，即屬善意，是不是也要被對付呢？時報的先生們，也許要與我作會心的微笑了。

蔣經國所主持的反共救國青年團，吳氏以此「實係模仿希特勒及共產黨的青年團」歷史觀念，是十分確的。吳氏自言，他會拒絕該團向台灣省府要經費。其反對理由是：「動輒要求學校更換教員，壓迫學生以此誘導青年，造成不良風氣。」故建議將之撤銷。時報也說：「青年熱情激切，言行有時也許易趨極端」，與吳氏之說，有互相發明之處。但卻駁之曰：「如果說因為共黨納粹都有過青年組織，民主國家就不應有此，實為因噎廢食之論。」還有相當理由，而說到「極權國家都有政府和軍隊，難道民主國家就連政府軍隊也取消了麼？那就過於強詞奪理了」當然的，我不能同意吳氏，不要青年的組織，但我卻與他一樣，反對把青年組織在國家觀念，民族意識之外，只為個人及黨派的鷹犬。因為如此，不但窒礙了青年的智識發展，而且傷害了青年的德性擴大，納粹與共黨以青年為芻狗的作風，絕對不能再有的。不然，不但無補於復國大業，且有損國族的運命。記得我們在青年之時，也在革命號召之下，不顧死生而去幹，但黨中要人得志之後，則視青年如仇敵。過去的青年，多數是被利用，需要之時，惟恐不起，不需要之時，惟恐不死。對青年不加領導，只有利用，後之視今，猶今之視昔耳。在革命之中，領導青年去救國救民的，沒有理由不予贊成。但要把青年利用來做爭奪個人及黨派權利的，沒有理由不予反對。過去被利用的朋友，死不了的，心靈的創痕猶在，曾經滄海難為水，對吳氏不健全的建議，也予以同情，不是偶然的。

我們把吳氏的函件予以全部的檢討，他的立場是正大的，「為國家前途著想」，其言是可信的。「我人所寄念者在台灣，我人所懷望者在台灣，我人所默祈禱者亦在台灣，」其目的不過是希望台灣幡然改途，已盡孤臣危涕，孽子墜心，極深其慮患之致。但以「孤掌寡手」，起草一函件，文辭不能求其工整，理論不能求其充實，而若干事實，又不能盡情將之披露，使台灣之代言人，有其置喙的餘地，那是極可惋惜的事情。吳氏的函件，是給國民大會的主席團，以為依照憲法規定，不屬於議事範圍，不予受理，在政治技術言，對吳氏的鬥爭，不能說不是高明之舉。理由何在呢？就是假如提出討論，國大代表，人多口多，問題要使當局難堪的。如此一來，吳國楨祇有駕天風，叫九閽了。實在，台灣當局已決定要得吳氏而甘心，主席團又那裡有此胆量提出討論，使大選的喜事，有此不愉快的事情呢？行政院的呈，總統之令，其節目已排好來發表的，更而證明大會主席團的「正確」了。但時報對他責難四個理由，我們不能贊同的。第一，以為吳氏有政見，應提出在朝之時。不應發於出國休養之後。第二，如果是向政府或民意機關發表政見，應該先向國內有權威的機構提出，不應先在美國從事公開廣播，及至責言荐至，才向政府透露，而又不遵循合法秩序去做。第三，他過去一向參與中央樞決策，政府措施有誤，他自己也當負有大部份責任。第四，他的政見，過去曾未表示過。應該在政府中據理力爭不得之後，即當掛冠去職，訴之於人民和公論。及至有人提出要對他經手事件調查才突然表示，他為了政見出國，並且擴拾浮言，厚誣政府。時報這些言論，不明白而不考察實情者，也許以其言成理的。但我們對於過去的新聞，稍加留意，就不以為然的了。第一，在朝之時能有政見提出的機會，就不要一而再而三四五六的辭職了。如第二所說，假依照程序提出政見誰敢為之處境。第三，政府施政有誤，由來不許過問，怕恐言之有罪。第四，就不必要托病辭職了，特務橫行，掛冠不是容易的事的。台灣的政治性格，一成不變，故其作風也一成不變，不會把好的假面具載上的。時報主筆先生，故作癡聾，以這些話說來責備吳氏，就工作而論，是值得政府傳令嘉獎的，但就情勢而論，以之來影響政府諸公自我改正，苦心是可以原諒的，但對吳氏責難，就等於凶年食肉糜了。

吳國楨事件發生原因與發展過程，我已經根據常識，有所報導，與若干報刊的內幕報告是一致的。我們知道台灣政府之中，不少賢達與開明之士，對於「不民主」，「用共產黨一套反共」的做作，是不贊成的。吳國楨是其中之一人，便以辭職來做抗議。但他以那在台灣的國民政府，是中華民國所托命，大義所在，赴美之後，不但不將家醜外揚，而且不作「違言」。但事情愈不像樣，王世杰被扣留了，吳鐵城自殺了，雷震的蹤跡也不明了，（洪蘭友不是為了國民大會要他主持，其自由也成問題的。）這是民主與不民主的對立，吳氏被他們用謠言攻勢將之牽入，以損害吳氏的聲譽。攻擊吳之報紙說，吳氏性情急躁，忍耐不住，就不客氣而對美國記者發表其意見。但對台灣當局還留地步的。不料張道藩卑陋而低劣的，即對吳開炮，一切與台灣有關的報刊，對吳作全面的攻擊。吳到此，便不得不致函國民大會，發表其政見了。問題到此，由陳誠而至蔣介石，以支持張道藩，對付吳國楨了。我們把此事發展的過程以觀，則時報對吳的批評，實等於癡人說夢，蔣介石的政治血液裡，是沒有民主細胞的，但以國家到了這步田地，而他個人事業也遭了如此的錯誤，我們還本著愛屋及烏之義，希望他接受孫中山先生的遺教，有所作為。三年以來，都是好像一個宗教徒，向上天祈禱，使他對民主作一念之變。但到了吳國楨事件，我們才知道了要蔣氏民主，實難於上青天。事情發展到了「總統明令」發表之後，台灣已停止對吳攻擊，在他們，以為天下人的耳目，可以從此掩盡了。但是海外同胞之情，有所不甘的，（最少，我及我的朋友是如此。）美國的新聞界，不以為然。（據合眾社電台灣是相當震動的，見《工商日報》。）在形式，吳氏被免屢辭不獲之職，好像是失敗了。但在精神上，失敗不是吳氏，而是張道藩之家主蔣介石，而蔣氏在群小包圍之下，還是冥頑不靈，在國民大會開幕中，指共產黨而罵吳氏。自已以為第二屆總統，又落下手中，可以任所欲為了。我們就此以觀，蔣之當年作風，沒有好的改變，更有壞的傾向。吳國楨在美國，以政治生命已完為言，形式上，目前是如此的。但在精神上，蔣氏的政治生命，已沉痾難起，反之，吳氏的政治生命，還有雁過留聲，海闊天空，祇要繼續努力，即單人獨馬，也有其前途的，蔣無可為，李宗仁更無可為的。但海外有眾多的民主人士，台灣的幹部有人，大陸的共幹未嘗沒有人，只要站穩了立場，則德不孤，必有鄰，有國家觀念與民族意識的中國人，都願與吳氏為友的。蔣氏失敗於毛澤東，未是真的失敗，失敗於吳國楨式的民主人士，才是真的失敗，時局的劇變之中，暴風雨中的一葉孤舟，只要航程不誤，則世界的民主明流，中國的民主暗流，自必將之送到彼岸的。在民主潮流之上，不民主，獨裁的巨舟是要覆沒的。

吳國楨的政見，我們將之平心靜氣以觀，沒有什麼了不起之處，是民主國家常見的事情。但台灣久於獨裁，以為是了不起，對吳作那反理性的攻擊。甚而以共產黨的政治邏輯及宣傳手法，說吳氏之言論，與李宗仁、毛邦初一樣之不足，並指為共產黨及同路人，不已，還說他等於賣國，這是十分的無恥與無賴的一事。吳氏的言論，一貫地希望台灣改善其作風，沒有傾覆政府之意，但夢想不到，說他等於賣國，我不知道，在台灣心目中，人世間還有什麼是非黑白之可分的了。

說到了賣國，在陳璧君口中，祗有汪精衛、蔣介石、毛澤東三個人有資格。這是對的，毛澤東的賣國，已是不可爭辯的事實，（將中國的領土主權及人送與蘇俄。）但汪精衛算不算賣國，還有待於歷史證明的。但他與日本交涉的檔案中，沒有賣國的紀錄，也有所證明了。吳國楨不過指摘台灣不民主，以及一切施政之不對而已。其他並沒有把中國的領土主權及人民，送與美國，何得名之賣國？等之而曰賣國，即就一步承認朕即國家的觀念，吳也不曾賣蔣。掉轉而說蔣罷，也曾將外蒙送蘇俄，我們有理由說蔣是賣國的。但是，我們明白這不是蔣之自願，而是美國根據雅爾達條約所施的壓力，我們可以批評蔣之沒骨頭，不能指摘吳是賣國，等於賣國的。蔣如此也不等於賣國，吳國楨何以也等於賣國？這不祗是白日見鬼，而是潑婦罵街了。吳國楨沒有賣國資格，更談不到事實，漫說這不是吳氏所肯為，即肯為，也輪未到他來賣國的。假如我是吳氏的話，必警告他們說：「善箝而口，毋令生蛆，善補而褲，毋令後穿」了。

吳氏事件，台灣以「總統明令」將之中止了。當然的，這個醜惡的故事，再而家醜內揚之下去，可使台灣的開明人士，人人自危的，自由中國政府的聲威，也有損害的。他們所以由劍拔弩張，而到掩旗息鼓，說是手段高明可，說是詞理支離也可。但吳國楨就不同了，假如他能夠繼續的把過去的事實，作忠實的報導，公開訴之於自由世界及自由中國人士之前，當此國族臨於存亡絕續的關頭中，有其重大意義的。也許有人說，以為吳氏如此做，可以影響到美國對中國的援助，這是似是而非之論。實在，台灣水幕情形，美國人士比中國人士要來得清楚的。而他們的對華政策，也有決定的。美國援華經費所以獨吝，就是說明他們是有限度的，也是有計劃，吳不說是如此，吳說也是如此。諱疾忌醫，不是智者所為。假如以此不健全的理由，任由蔣氏再瞎幹下去，則中國的災難，不但無法免除，而且必然加重的。吳氏在美的言論，不但不是賣國，而是愛國，甚而至於愛護蔣的。愛蔣之人，實不止於吳氏，但是蔣之答覆，就是更不自愛。蔣既如此不自愛，我們何必再愛之？得道者多助，吳氏不要以台灣的對付而自餒，要為中國民主人士打前鋒，中國來日大難，有待於民主戰士之努力甚多，吳氏要知所以自愛而愛國乎？中國將來，不民主沒有前途，每一個愛中國的中國人，是要明白的，不已，還要不顧一切，努力以求其實的。

自由中國政治悲劇一幕的說明

——吳國楨在《紐約僑報》發表自白書的剖解——

吳國禎事件，將來是有發展的，如何的發展下去，我們在表面見到的，就是台灣方面，立法院已經通過了引渡法，我們可以意味著，他們的存心是要為引渡吳國楨而準備，這與所謂總統明令，把吳國楨由政治犯化為司法犯的含意，有桴鼓之應。在台灣目的，吳國楨可以引渡，則從此一切政治的反對者也可以引渡。這當然的，不似史達林那麼卑劣，以暗殺的手段對付反對者（如托洛斯基被刺），但以現代政治目光觀之，也高尚不了許多。但能否達到他們的目的，把吳氏引渡歸來，治以應得之罪，將之五馬分屍，那就不是他們所計及的了。於此，吳氏卻是很英勇的，聲明不必要求政治的庇護，要與台灣的代表，在美國法庭週旋，他的父親及兒子，現在台灣，吳氏曾說：台灣不許他的兒子赴美，我們見到，以為吳氏過於小氣，或者過慮，但我們見到台灣的聲辯，說吳氏是告假，毋須攜兒同行，又說吳子還未到出國的年齡，就不能說吳氏是小氣或過慮了。由這些小事來看，可以知道，台灣當局，如何的要得吳而甘心。不過，台灣當局，無論如何，沒有共產黨政權那麼野蠻，禍延親友，對吳氏的親人，有什麼不利，不許之赴美，最多不過以之為人質，對吳威脅，使之有所顧慮而已。但我們可以斷定，台灣之對於吳氏，已停止了宣傳的攻勢，有之，則轉入行動，我想，一些被造證據，準備手續等，就是題內應有之義。台灣當局對吳，真的死不放手的話，則將來必有很熱鬧的新聞，給我們來看的。

再而把吳氏事件所發生的影響來說，台灣的軍政人物，是否具有回教國家埃及敘利亞的軍政人物性格，來一個武力革新運動，無人得知。但海外人士，尤其旅美的民主人士，不能說沒有多少問題。是的，吳氏聲明，不與有政治野心的人合作。李宗仁雖然向他送秋波，他斷不會的「報李」之答覆的。不過，胡適、于斌等，他們是得到美國人士好感，與所謂第三勢力的軍人政客有別。據一些內幕的消息，他們與吳氏等是有聲氣的，這回返台，觀察清楚了，返美之後，會不會公然支持吳國楨呢？也不能說沒有疑問。但是，這都是將來之事，現在以之當為疑問則可，加以推測，似乎為時還早些。

當吳氏事件發生之時，我曾根據事理予以批評。公道自在人心，人們並不因台灣強大的宣傳攻擊所轉移，反而支持我的意見。有一個朋友，把三月廿三日的《中聲晚報》寄我，理由是該報是日刊載了〈吳國楨在紐約僑報所發表自由書〉，目的是給我參考的。但我看了之後，好像看了一幕中國政治悲劇的說明，萬千的感慨，由之而起，將之剖解一下，以一個「讀古書流淚，替古人耽心」的心情就不得不有所表示的。

他在美國寄國民大會之函，是不得主席團之允許，得到討論，致蔣介石及其所主宰的黨與政府的書，其答覆，就是免職開除黨籍之後，就是總統明令。其操心之危，慮患之深，不但不蒙明察，而且要受對付，這已說過不提。但他在三月八日，將其為「個人做人立場及民族氣節起見，不得不將經過事實，使吾不得不言的苦衷，予以詳述。」他很沉痛的說：「知我罪我，則在同胞，不敢妄自洗刷也。」是的，吳氏之冤，叩帝閽而不應，奉宣室已無緣，祇有訴之於同胞而已！公道是在官心的話，吳氏沒得可說了，公道而在人心的，就有得可說的。他的陳述，是分十一段的，將之作如下的剖解。

他在第一段說：「楨之辭職，原為政見之不同，承主台政，三年有餘，對於當局，均有陳述。不幸多未採納，故於去年堅決辭職。當時所辭，係本兼各職，政務委員亦在內。請求護照，亦係普通護照，並非官員護照。惟政府未准辭去政務委員，並於楨離台以前，將先已發給之普通護照追回，另換官員護照。」（原註：辭職離台以前事實太多，言之將使親者痛而仇者快，楨不至不得已時，當不說出也。）吳氏所說，其真實性是沒有疑問的。不是政見之不同，他不會辭職的。台灣的宣傳，甚而至政治的攻訐與處置的文告，已在此真實的報導之下，實行宣言破產了。台灣當局之用吳國楨，不過以他於美國人士有好感，以之來做誘致美援的工具，既不許其有政治的人格，當不許其有政治的意見的。但是，吳氏是讀書人的性格，是融合了中國儒家的傳統及西洋民主的思想，不甘心於工具，要爭取政治人格及政治意見的獨立。他本乎合則留不合則去的態度，就要「堅決辭職」了。他是本兼各職皆辭的，何以要把政務委員獨留呢？主要原因當然是美援，在給美國人士看之外，並給留美的人士如胡適之等看。再而台灣當局知道吳氏是有政見的，以此虛名羈之，利用所謂政治綱紀，使之不得有什麼政見發表。他們把吳氏的普通護照追回，易之以官員護照，就是最好的說明。政治的防範，不可為不週密。但打破玉龍飛彩鳳，這對於一個有政治人格與意見的人，有做人立場及民族氣節的人，是沒有用的。吳氏「政見」發表之後，他們也以政治紀綱而至道德作為附帶的責難。但我們知道，吳氏赴美之後，還說台灣的好話，不能說沒有政治道德。不是王世杰之案，把貪污之罪名加上王世杰頭上，並把吳氏也牽下去，（說他與王氏有套匯美金之事，但陳誠已在立法院聲明無其事了。）則吳氏決不會反臉的。

是知沒有政治道德，不是吳氏，而是他的政敵，在台灣不民主的人物，以共產黨一套來反共的人物。（所謂含血噴人，先污自口）

吳國楨之辭職，是夠堅決的，所以第二段說：「楨來美之後，曾迭請辭去政務委員，一聯五次。」不是他們對吳過分干擾，不會如此，並虛名也不願再掛。他不甘特務之干擾，已有所述了，而「事實太多」，已盡在不言中。我曾說過：台灣派系之爭，是十分尖銳的，甲派要你，乙派不容你，即，要用你，各派系更不能用你，吳國楨在美援份上，被破派系之例而用的。但他既要保持政治人格及意見他們就不能容了。吳氏不做政治的奴才與狗才，省主席的實職既不要，政務委員的虛名要來幹麼？他們五度不許吳辭職，並不是愛他的才，所要的不過美國之財而已！我們在孩子時，見到江西人所玩的猴子戲，場面在「彭！彭！彭！」的鑼聲響了之後，即唱著說：「我在山東帶你來，你為功名我為財。」台灣當局是以吳為猴子的，但吳不但不願做猴子之實，即猴子之名也不要了。過去的政治人物，其觀念，與過去漏夜趕科場的士子是一樣的，百計鑽營，所欲得者，不得一官半職，既患得之，又患失之，什麼政治人格與意見，沒得可說，即政治道德，更而沒得可說。國民政府當局，所要的是奴才與狗才，權勢鞏固之時，高呼萬歲及夫人，權勢動搖之時，則曳殘聲而過別枝，張治中邵力子之流，是最有名。以孤臣孽子的精神之時者，吳國楨一人而外，然而未之見。假如當局還有政治抱負的話，既用之應該接納其政見於吳氏在台之呼，不然，即在赴美之後，不要使之再失望。而乃不此之圖，反而污衊於他，使之憤怒。

吳氏與台灣之間，是台灣對他不起，不是他對台灣不起，我已經指出過了的。他在第三段中，把此說得最明白。他說：「楨來美後，原本忠臣去國，不潔其名之旨，祈求當局之自悟，故直至二月七日，從未將楨所知之事實，公開說出。凡我國人，當能明瞭。」這是一個忠實的表白，我們知道，吳到美後不但不將所知說出，並且為台灣說過許多好話，已盡其「隱惡」的道德。但由於王世杰，吳氏被了嫌疑，就受了「流言」的攻擊，要對此流言一闢，也沒有自由，名譽為第二生命，到是是可忍也，孰不可忍也的地步，人情既不能忍，就非說話不可了。台灣當局的作風，一向以為天下人盡可欺，天下人莫予毒，祇知有已，不知有人，所謂道德，是片面的，就是你要對他負道德的責任，他們不要對你負道德責任的。吳氏做過了他們的重要官員，當然如此了。是的，吳氏確乎盡了他的臣道。不是流言不許一闢，他不會把被污之名，有所自潔的。但如此一來，他便是大逆不道的了。由張治中而至王耀武康澤等，把他的九代祖宗也罵了，他們到不作聲。而吳氏有政治人格與意見的談話，就不許有；這從那裡說起呢？反蔣的人，除了一些有政權野心的外，本來不一定反蔣的。但是，蔣與他的幹部，往往把人驅上了反蔣之路，反蔣之人，所以此仆彼起，了無已時，原因就在於此。政治的朋友，有句很流行的話，對蔣與其擁之，不如反之。恨他的要反之，愛他的也要反之。不然，不但對自己不起，也對他不起的。吳國楨就是不願反他的，但是，他們便把吳氏驅上反蔣之路。吳氏再而抱著忠臣態度的話，那就「客氣自誤」了。民主時代，大我的道德，是國與民，不是君與臣。

吳氏在第四段說：「楨於十一月中應約至紐約演講時，總統府秘書長王世杰恰被辭職，台灣方面，曾有某重要人士，十一月二十日，親筆函致楨，奉最高當局之命，囑楨回台任總統府秘書長。若果政府認為楨有如張道藩所言之各種指摘，則政府當不致有此表示。惟楨認為政府年來措施，並不與楨之一貫主張相同，且變本加厲之處，故當婉函拒絕。」我曾指出張道藩之無賴而說過：吳國楨在上海市長既如此沒用，何以要將僅有之台灣主席給他。而事實呢？還要他接王世杰而做總統府秘書長呢。事實是最大雄辯，我不知張道藩還有何辭，而抹去了他那一鼻子灰的了。王世杰飽受糟蹋，吳氏知之，已飽嚐了台灣滋味，即有此胆量，也無此興趣了。但有婉函拒絕而已。實在做蔣之幕僚，等於自掘墳墓。王世杰的免職扣留，還是幸運的，陳布雷的自殺，不是眾所週知的麼？吳氏即無政治的人格與政見，即稍有識想，也不會做投火之飛蛾的，在獨裁政治之下，所謂官吏，不過是私人的奴才狗才，並不是國家的職官，故有需要即招之而來，不需要即揮之而去，所謂趙孟之所貴，趙孟能賤之。王世杰不知而受到糟蹋，吳國楨怎能明知而犯，再受糟蹋呢？

「自楨拒絕回任總統府秘書長後，十二月中，台灣方面，即發現有組織的謠言，謂楨等取巨額外匯。並謂王世杰的去職與楨有關。香港各報，曾刊載此消息，且稱係總統府內某主要人員對本報記者透露等語。（原註：例如香港《新生晚報》十二月十二日載）十二月下旬，立法院及國民大會聯誼會，均有人提議，將楨查辦。楨所詫異者，即政府明知將此項謠言完全無據，何以無一負責人代楨剖白？香港各報既明白指出總統府內某主要人員透露，何以總統府或政府發言人不加否認？」吳氏函中第五段，作如此的報導及疑問的。王世杰扣留之後，吳鐵城即行自殺，雷震即跟著蹤跡不明。據說：這是台灣內部的民主運動，因美國副總統尼克遜之到台而洩漏春光。但與吳國楨有無關係呢，叫他回任總統府秘書長，其作用是第一，要把王與吳氏之關係證實。第二，要把吳氏誘回台灣。但吳氏卻拒絕了，誘回不得，當然反臉，謠言攻勢便發動了，這是有計劃的「預謀」，吳氏已為之指出了，又何必詫異？這是如何醜惡的故事呢？由此醜惡的故事，我們知道台灣當局，如何的來鎮壓民主運動的，但是，「台灣有人」的事實，吳國楨事件已經告訴我們了。吳氏為了表白個人不得不說話，為了政見更不說話了。於是，吳氏函中第六段，就有進一步的陳述了。

他說：「楨當時在南部忙於演講，未能知曉，直至十二月卅一日始知之。當於一月二日以黨員身份，函請中央黨部秘書長張其昀，請其轉呈總裁轉知政府，徹底查明，公佈真相。所以以黨員身份函請者，因楨個人並不以政務委員自居也。惟楨等候二星期並無音訊，迫不得已，乃於一月十五日擬具闢謠啟事，郵寄家嚴，（原註：現在台灣）請其在台灣以廣告方式刊載各報。張其昀氏覆函，至一月十八日始收到，昀稱一月二日手教敬已誦悉，並經報告總裁，囑為轉告，外間流言，原屬毫無根據，兄可不必介意，寥寥數語而已」。我們根據這個有根據的報導，知道了吳氏事件的發生，是有計劃的了，吳氏以黨員的身份取不得辯白的機會，然後便以廣告方式出之。台灣當局，甚而至報紙，都一切說吳氏不要手續沒有程式的，到此已見他們砌詞傷人的行為，已不攻而自破了。張其昀的短函，說蔣以此為「外間流言」，不必介意。但這些流言，既不負責闢之於前，而後來的「總統明令」，反以此為根據，作為免職的理由。我不知道蔣氏見到吳氏之函，何以自圓其說？台灣停止對吳的攻擊，是不是因此而無話可說的呢？到此，蔣氏已不止於為群小包圍，而且做了群小領袖的昏暴之君了。不以人格待人，不以政治持政，比之漢武帝的暮年，還要胡塗，再做六年總統，六年當如此不堪，再而終身總統，公私之間，就不知其可了。（就情勢以觀，蔣有壽命的話，三、四、五、六任總統也要做的。）不明於德，縱惡自棄，構怨連禍如此，蔣的事業前途，不要我們關心的，但於國家命運，就不得不耽心了。

吳氏闢謠啟事的刊登，是有其那麼多的波折，不是吳氏的自我說白，我們是不知道的。他在函中的第七段，是如此說的：「楨所擬闢謠啟事抵台後，於一月二十五日得家嚴覆示，茲節錄如下：一月十五日啟事，我於二十一日午後五點半鐘接到，廿二日午後二時半，先到《聯合報》，邀廣告科長同至記者之家，約集《中央日報》，《新生報》，《中華日報》，《公論報》各廣告科人，發表啟事原文，請其登報，各人謄清原文，攜稿而回，交涉完畢，予亦返家。晚間八時，黨部秘書長張其昀來寓，稱啟事已呈報總統。總統謂此事已經證明了，請告我不必登報，余當云：此事係私人自白，與他人無關，仍請婉呈總統，以發表為宜。張未置可否而去，翌日報遂未登，各報館已將訂廣告費送還，楨得此覆示後，心中之沈悶可知，是楨欲在台灣自洗清白，亦蒙不准，豈不令人嘆息。」他不過嘆息而已，還是很忍耐的，如函中第八段之所云：「楨奉到家嚴覆示後，當即再度分別呈請行政院及中央黨部，堅辭政務委員及中央常委職務。不料於二月七日楨之啟事，突在台灣各報登出。後接張其昀秘書長二月八日函。略稱：啟事則已載《中央日報》，附以剪奉，前次總裁指示不必登報者，純出愛護之意。以為此類無稽之談，不必與之計較，今兒在《紐約僑報》（原註：當指《民氣日報》一月廿九日刊而言），既有公開信談及此事，此間自亦無妨同時發表也。楨自感激。但其愛護方法，實有令人莫測高深之處。此案直至二月二十六日立法院再度質詢，陳院長正式答覆，謂楨毫無此事，楨之清白，始得證明。」這個報導告訴我們的，第一，刊一個啟事，也要總統准許，軍事指揮，及至一團，而社會控制，及一報館，蔣先生的精力驚人，其權力更可驚人的了。第二，假如不是《民氣日報》有登，台灣是永不許登的，所謂不見棺材不流淚也者。所謂愛護方法如此，吳氏固有莫測高深之感，而我們傍觀者，就不免於啼笑皆非的了。一個自己洗刷的啟事，也如此艱難的登出，說台灣是民主，有自由，不是滑天下之大稽麼？於是，恰如俗語所說：佛也有火，他那函中第九段的故事，就有主題的發展了。

吳氏說：「但總裁決定准許楨之啟事，在二月七日刊登台灣各報，實為一不幸的日期，先是約十二日許，芝加哥WNG電視廣播台，即約定楨於七日下午七時半，在電視廣播中舉行記者座談會。楨於前往該台時，尚不知此啟事在台登出，更不知台眾社及美聯社均有報導發出。芝加哥報界則均知之，故在電視座談會時，首一發問，即為此事。楨不能不答稱：此為政敵之誣衊行為。第二問當然為何人為楨之政敵及楨為何而辭職來美，楨不能不將事實稍有透露。此談話報紙皆有記載，不必再述，楨自問在此情形下，發言可謂慎重之至。第二日，CBS全國廣播電視網派人至楨旅寓，拍攝電視，使楨再度答覆此項問題，並於二月十二日將此電視廣播全美。二月十六日合眾社復派人來問，台灣又盛傳楨即將回台灣任總統府秘書長，楨是否即行回台等語，楨又不得不略有答覆。凡此皆係為事實所迫而言，並非楨故意出此。」這些報導，就是台灣上下所一致指摘吳氏等於賣國的事實了。吳氏是迫不得已而出此，即自動出此，也沒有甚麼了不起，何況是被迫而動？一個啟事也不許登，不能甘心受人有計劃來誣衊的，此事件發生的責任，在台灣而不在吳氏。我們就此報導以觀，「流言」是台灣製造出來的，無此流言，便不必要啟事，既有啟事，則敏感的美國新聞記者，就不得不關心。台灣的存在，不但與中國命運有關，亦與自由世界有關。況且在美國政壇中，台灣又是被注意而成為問題的，記者們為了職務與報館業務，不得不在台灣要員吳氏身上打主意。我們不能責備吳氏，應該感謝美國新聞記者，對台灣的關心。假如台灣當局，還知自重的話，但有自我檢討，即不設法以釋吳氏之憾，亦祇以宣傳為之辯論，而乃不此之圖，竟由張道藩，以立法院長之尊，作低級宣傳員之工作，作市井之讕言，而事件欲不擴大也不可得，於是吳氏便有第十段的報導了。

吳氏有了一腔的悲憤，當著了多情的美國記者，就非盡情傾訴不可了。所謂「事實所迫」，就是如下之所云：「然而此語一出，楨之辭職原因，已不能再自隱瞞。而當局不諒，乃又多方攻擊。至楨個人有無貪污，楨以身在美國，回台不可，不願多辯。楨於迫不得已時，自當將離台前後經過詳情公開發表，國人自當諒楨不能回台之苦衷，今且不言，楨但望政府派員來美，或會同美政府，徹底調查楨經濟情況，自可明瞭一切。」一平生莫作虧心事，半夜敲門也不驚，吳氏且歡迎政府派員到美國去調查他的經濟情況。美國是法治的國家，與台灣不同，對此自能有一個水落石出。但政府是否派員呢？要以對毛邦初對付他，情況不同，對象也不同，即能偽造證據，也無奈他何的。真金不怕火來燒，吳氏既清白爾躬，是沒有什麼可怕的。耶穌對那圍著淫婦的群眾說，你們自問沒有犯淫的，就可以石子來擲她。吳氏不是淫婦是當然的了，但攻擊他的人，有無犯過淫，是一問題，而他們的黨羽，「貪污與無能」，早已騰笑萬邦了，真的淫婦不擲石子，要把一個貞婦目之為淫婦，以石擲之，人間羞恥是何事，不知張道藩先生及其同志們知道了沒有。

吳氏因被誣貪污而不得不辯，不得不進一步表白之餘，以「政見」來做反擊的武器。一不做二不休的，在第十一段說：「惟楨為國家前途著想，不能不有所陳述。楨已於二十七日正式分別呈請國民大會及總統，指明我政府現行政策之重大錯誤，建議六項民主化之措施，請其討論實行，並將全文在台灣各報發表。楨之為言，完全非為個人著想。楨自問已無任何政治野心，而此函一經發表，楨將更無政治生命可言。良以政府若不從楨之言，楨自問國家民族將無前途，楨之命運亦包含在內。若使天祐中國，政府真能從楨之言，幡然改圖，國家民族自受其福，而楨卻不能參與其中。楨之政敵；更當視楨如眼中釘。是其在局一日，楨當無回國希望之一日，命已如斯，夫復何言。然而進一步思索，在台灣之人士，或不知之，或知之而不能明，又不能言，則敢言能言如楨者，亦屈指可數耳。楨若不言，是對國家民族為不忠。故當局若真拒絕善意批評，不准國民大會討論楨之建議，並不准在台灣發表，楨亦只好在此間發表，以圖當之反省耳。」我們把吳氏這一段樸素無華的文字看完之後，遙想他那一副危涕墮心的心情，不禁為之憮然。吳氏的建議，發表是發表了，但國民大會，則不予討論，不已，「總統明令」，且隨之而下，不但不知反省，而且把美好的民主面具揭開，露出了醜惡的獨裁面目來，這個無情之刀，所斬的，是吳氏與蔣介石政權的政治關係，並不是吳氏的政治生命。吳氏有此主張，有此胆量，其政治生命，不但不會被斬，而且有新的生長。所謂政治生命，並不是政治的職務。政治職務之有無，與政治生命之有無，並不成為正比例。政治生命之有無，祇有政治人格與意見之有無，才可為之決定。吳能保持其政治人格與意見，其政治生命是有的，若以為蔣之政權為敵，便沒有政治生命，是一個錯誤的見解。老實說：吳氏政治生命，其可愛之處，不在他的政治職務，（台灣省主席及政務委員）而在他對台灣政府民主的建議及獨裁之反抗的言論與行動。

我們知道，台灣人士，在不敢言而至不能言當中，他們的心裡是明白的。那麼，台灣是大有人在的。台灣以外的人士，內情的了解，當不似吳氏那麼詳而且盡，卻是事實，能言敢言是屈指可數，也是事實。吳氏如此能言而敢言，不但增加了台灣人士的勇氣，而且喚醒了若干海外人士的迷夢。台灣人士不說了，海外人士，不知實情而有幻想與奢望的，實繁有徒，為了一張「反共救國會議」入場券的希望，不惜將國民應有的良知放棄，頌其聖明，呼其萬歲。（要分政治杯羹及殘羹的政治野雞及文化扒手，更不在話下了。）吳氏要對國家盡忠，在風雨如晦當中，雞鳴不已，雖不是當頭棒喝，也可算是午夜鐘聲。意想不到的效力，對於吳氏的政治生命史，可以使之有新的，而又有意義的一頁。

當然，台灣的國民政府，是我們中華民國人民的家，蔣介石不過是管家而已。是的，就蔣的作風而論，他不但要永遠管下去，而且要其子蔣經國繼之管下去了。合想合算的話，開罪了蔣及其臣僕，不但沒有政權生命，即國民權利也被取消的。但是，事情能如蔣之所想，大陸就不要失掉於毛澤東了。他們沒有反省的話，能否永固其獨裁政權於台灣有問題，是否能反攻大陸，反攻大陸之後能否建立其的舊日的權威，也有問題。我們中華民國的同胞，良知有在，良能也有在，要依照孫中山先生的遺教，建立一個民族獨立，政治民主，經濟平等的國家，不但毛澤東的政權不能存在，蔣介石的政權也不能鞏固的。中華民國政府，是中華民國同胞的政府，不是蔣介石一人一家的政府。中華民國，是中華民國同胞的天下，不是蔣氏一個一家的天下。我們政治生命的意義，是在於中華民國同胞的撫養，不在於蔣氏個人的豢養。吳氏明白這個道理，就不會那麼悲觀的了。

是的，對於蔣氏，沒有與他們爭政權，即沒有政治野心的人們，對於他，好的說，是愛屋及烏，不好的說，是投鼠忌器。不但中共之大敵當前，需要他「知廉恥」而反攻。為了要減少中國未來的災害，希望他民主。所以對於他，都有作善意的批評。不已，對於他的政敵的不及義之言，失其政之行，他予以垂棄。但是，這不但不算是反對他，實在是愛護他。但他在他的工作人員盲目頌禱之中，不但忘記了他過去的過失，而是以為自己是聖明了。於是，善意的批評，也認為惡意。那麼，吳氏忠良的建議，那有不以之為叛逆的罪行呢？在國大大會之前，見到他曾下其罪已之詔，而又倡團結之論，以為他的觀念，與台灣的治安，平行進步的。但自國民大會開後，總統選舉已操勝算，以為天下事已大定，舊日的面目，就露了出來，以「總統明令」，支持張道藩的讕言，事件發展到此，我們再能對他有什麼希望呢？這些痛苦，不但吳氏如此，即對他還有希望的人也是如此。我們的「總統先生」蔣介石，真的要我們失望下去麼？還要迷戀那獨裁政治的殘骸，不但不是中國之福，也不是蔣氏一人一家之福的。

我們把吳氏的自白書來看，知道他是要為國族盡忠的。過去做政治運動的人，甚而於做官的人，祇對個人及團體（即黨派）效忠，並不對國家民族效忠。吳氏之為「國家民族著想」在政治人物當中，可謂空谷足音，使人聞之而喜。要對國家效忠，有政治職務時，可為而為之，到了不可為，就要堅持其政治主張，即孫中山先生的遺教了。我們能恢復孫中山先生的威靈，實行孫先生的遺教，就是對國族最大的效忠，反乎孫先生遺教的，不問其為毛澤東，或是蔣介石，我們是不怕與之為敵的。我們能使中華民國同胞，都能有認識，有此努力，則我們對國族是盡了忠，成功固佳，成仁亦佳，所謂「命也如斯」，不必再有「夫復何言」之嘆的。我絕對相信，中華民國同胞的要求，民族獨立，政治民主，經濟平等的原則，是無人能為之否定的，蔣介石能從之，沒有理由以我們做眼中釘，同胞亦不許他以我們做眼中釘。不然，他不以我們為眼中釘，我們也要以之做眼中釘的。中國者，中國之中國也。我們是中國人，在中國有我們的國民權利，毛澤東剝奪我們的權利要反對之，則蔣介石如此，我們亦要反對了。世界的民主潮流，中國的民主要求，不是蔣介石的力量所能抵抗與取消的。蔣介石能受善言，中國可以減少若干不必要的災禍，即不然，也不是中國沒有前途。中國之有無前途，在於我們同胞之有認識與有努力，並不絕對在蔣介石能否受善言。權力不是絕對的，生命並不永存的，這一點，我希望吳國楨先生，有進一步的了解，不要灰心！台灣的少數人，是以你為眼中釘的，但有頭腦與有肝胆的中國同胞，無不寄你以同情。這些同情是寶貴的，其價值，不是台灣省主席，及行政院的政務委員所能比擬的。吳氏所失的並不多，所得的太多了。現在不知道，將來會知道的。

吳國楨事件，可以說，是自由中國政治悲劇的一幕，他的自白書，就是這個悲劇故事的海報，要做劇評，其意義就不尋常的了。這故事告訴我們一些什麼呢？

第一，台灣的政治技術，國小易治，比大陸是進步的，但政治的觀念與作風，則比在大陸時不但沒有進步，而且退步了。吳氏之於台灣，不過以為若干工作人員之不對，現行政策的錯誤，有所異議，沒有什麼了不起的。其為對也，接受是應該的，其不對也，報刊的抨擊，就不能立足了。乃小題大作，化小事為大事，不但偏狹，而且也愚昧得很。我不知道舊日帝王，也設諫官而使之言，何以在民主政制中做總統的，便不許有並非惡意的批評及建議。實在，吳氏所批評的對象，不過少數人，並未及於蔣的，不已，且以君長來視蔣。而蔣也，則以叛逆視之，小人蟲沙如此，君子不猿鶴也不可得了。台灣不少君子，君子之道消，小人之道長，不知偏安之局何以娛，恢復之國又何以立了。我們同胞的反共，是為國家民族利益而爭的，但蔣氏的反共，是要為他個人政權而爭的，這個矛盾，他不但不要統一，而且在吳氏事件中，要更矛盾了。這一個政治的悲劇要圓場，不但要流淚，而且要流血不可的麼？

第二，台灣是有人的，被通緝的毛森是一個，被免職的王世杰是一個，自殺的吳鐵城是一個，蹤跡不明的雷震也是一個，（另有一個洪蘭友，卻給國民大會的需要而救了他。）吳國楨當然是一個了。據說：還有四十八個軍政要員，說不定，有了兵權的孫立人，要繼之而犧牲。這一個民主運動，是與美國人士及留美的中國開明人士，有會心的，這是自由中國的政治之光，但在高壓之下，他們是艱苦的，他們是否要步王世杰而至吳國楨的舊路呢？也在不可知之數。（孫立人調職之說出來了）

自由中國僅有台灣一島，地域已經是悲劇的了。而人物在如此政治氣氛之下，當然是悲劇的。死者已矣，生者又何辜？要台灣當局長進，要大陸的收復，收復而後有作為，其工作是如何的艱巨？這個悲劇，現在正在開演，我們看了吳國楨的自白書，就不免於憂心忡忡了。如何的收場呢？能否把此悲劇作喜劇的收場呢？作為主角的蔣介石先生，祇有這個最後的機會了。我們希望把悲劇改變為喜劇的，但能夠這樣麼？我們就不知道了。

中國悲劇要有喜劇圓場，蔣氏要做正主角，圓場的時間是快些。不然，要做反主角，不過把時間阻延一下而已，他能愛國而自愛，把自己為國家所有，則中國人無不擁護之。反之，要把國家當為自己所有，則中國人要不反對他也不可的。我們把吳國楨的言論態度來觀，他不但不是反對蔣，可以說是愛護蔣的。而蔣及他的臣僕，以為吳氏之言論，有傷其尊嚴，影響於「美援」，不惜頭筋暴漲而要對付之，這真使人費解極了。

吳國楨事件，如何的再發展，現在未有分解。但台灣當局之陰魂不息，可以推測而得之。我們再看一段新聞罷：

合眾社台北四日電：「著名學者胡適博士近時從普林士頓大學請假來台出席國民大會，現在勸告國民政府說：『前台灣省主席吳國禎批評政府或許對於國家還有點好處』。胡博士預定在明天返回美國，現在說：『吳所譴責他致蔣總統的信函已被壓制禁止不得發表，那是完全錯誤的，而我們譴責原函的一部份，實在已被壓制禁止不得發表，那也是完全錯誤的。因為本人曾竭力主張應將原函全部發表，於是台北市三月十一日每一家報紙便都把原函全部披露。』胡博士敦促中華民國對任何人士的批評，不拘是誰，都不應該輕蔑漠視。『假使吳所講的話，有一部份是真實不假，那麼我們就不應該因其係出自吳國楨之口，便拒絕加以考慮。現在請我們設想一下：假使那封信討論到幾項根本問題，其所發生的結果竟能使實行改革成為必需，那豈不是說對於國家倒反有了利益好處嗎？』胡博士又敦促國民政府，將『查辦吳國楨案』撤銷，他說：『目前既不能將吳從美引渡回來，為什麼要這樣處置，讓他享有曉曉不休，大放厥詞的機會呢？』」

胡適對國府當局的臨別贈言，可謂金石良言。吳氏事件，已經招致了美國輿論的不滿，已經是失敗了。若再鬧下去的話，如胡氏所說：「不能將吳自美調返此間」其失敗更要慘重的。胡適於台灣當局，由來是愛護的。這回返國，台灣的一切，都以為是好的，甚而至於副總統兼行政院長，也說憲法沒有不許的規定，可謂好合無間的了。但到了臨別之時，卻作此帶有警告性的談話。我們知道，蔣氏的作風，是令人生畏的，不但胡適到了台灣要遷就，即當年的毛澤東，到了重慶，雖得美國人担保，也不得不舉手高呼蔣委員長萬歲。但是，回到延安之後，就不容氣，在「不信邪」的憤語中，要得蔣而甘心的了。當然，胡與毛是不同的，但蔣氏再不自愛的話，誰敢担保胡適返美之後不反臉？實在，台灣當局還是如此的怙惡不悛，則胡適不反臉，就不是本色了。假如台灣以小朝廷而自傲，不但胡適，而于斌等，也不能任台灣當局在情理以外對待吳國楨的。所謂得道者多助，人們所唾棄李宗仁與毛邦初，而同情吳氏者，就是吳氏能為國家民族著想，能為國家民族著想的人，沒有黨派關係的大多數人，都願與之為友的。吳氏有政治職務之時，不過是一個尋常官吏而已。但到了政治人格與意見有表示時，就做了不尋常的人物了。這是吳氏的失敗麼？不是。吳氏能把目光，從台灣以外看去，他沒有失敗的。一切為國家民族著想的人，不但沒有官做不失敗，即沒有生命存在也不失敗，吳氏把這個道理想透了，就不會悲觀，再繼續而努力下去，就再樂觀了。中國觀不民主是沒有前途的，這是吳氏的出路，也是中國智識份子的出路。一切的光榮，是屬於為民主而努力奮鬥的人士。一切的恥辱，讓那依附獨裁政權而存的奴才與狗才去享受罷！

蔣介石與吳國楨之間

國民大會第一屆第二次大會，於三月二十五日上午閉幕。必然當選了總統的蔣介石先生，出席演說。據說：已經「圓滿的完成了憲法所賦予的使命」，所以「特別要向代表諸君道賀，尤其要向我們海內外四億五千萬同胞慶祝。」為什麼呢？就是「此次國民大會的偉大成功，不僅是奠定了我們反攻復國的基礎，而且是建立了民主政治的規範。這亦是我們中華民族歷史最重大的一頁，尤其是這次選舉，完全是經由民主自由和公正平等的精神產生的，更是代表諸君為我們中華民國的憲政樹立了民主永久的範型。」如此的偉大成功，蔣先生自己當選了，當然認為值得欽佩和頌贊的。下風遜聞，我們雖不是臣，卻也是民，不應再有什麼異議的了。實在，要有異議，又有什麼用呢？賣花讚花香，花本來是香的，不問是盛開與凋殘，都是香的，加上了一讚，當然更香的了。

蔣先生對於他自己所訂的憲法，認為無上之可貴的。這不必說是敝帚自珍，也可說是自己文章，人情之常，例當如此的，所以，他很堅決的說：「沒有這部民主憲法，就無人民生命的保障，亦就無人民生活的自由。我們要生活得到自由，生命得到保障，就要以生命來保衛我們的憲法，以生命來保衛我們的民主。」蔣先生這一個護憲的精神，是那麼的旺盛，做了第一屆總統，未能行之，現在當選了第二屆總統，必然可以行之的了。為民主與自由而努力的人士，見到蔣先生的「信誓」，不但要放心，而且要開心的了。言而可信的話，誰敢再說蔣先生的不民主，不給人以自由呢？胡適博士在閉會的後三日稱，蔣總統已保證實施政治改革，將以較多自由與民主給與人民，似乎說：過去給予人民的民主與自由太少了。不過，經他蔣先生及胡適博士的先後保證，我們可以不必再認為有問題的了。

蔣先生說得好：「民主自由是全國民眾的權利，而不是為少數人來作違法作惡的憑藉，亦不是為他們掩護罪惡來做護符的。」但假民主與自由而如此以行惡的是誰呢？他繼續說：「更不能為他們個人來作誣衊政府的聲譽，毀喪國家的利益，以達自私不法言行的口實。」這個說法，民主自由，就不是全國民眾的權利，而是政府當局的權利了。全國民眾既有批評政府的權利，當局自然是我即政府，又當然的朕即國家。則所謂批評，也自然而又當然的，變做了誣衊政府聲譽，毀喪國家利益。是所謂民主應該是官主，所謂自由，祇是官的自由。這個理論可以成立的話，則所謂自由，法國革命時代的恐怖黨。就是天王聖明，而羅蘭夫人就死有餘辜了。所謂民主，蘇俄就是正統，英美就是旁門了。但蔣先生所以如此說，是針對吳國楨的指摘，吳氏指台灣的措施，有不民主之處，蔣先生以「總統明令」查辦之餘，餘怒未息，並吳氏的國民權利也否定。吳氏的指摘是否有當，國內外的輿論觀念，與蔣先生之所謂「不法」，是有所不同的。若以為這是「共匪式的」，是「師法」共匪的，那就是含血噴人了。「共匪」雖是以自由民主為宣傳，但他們的哲學基礎而至行動方式，是絕對反民主與反自由的，說他們假冒民主自由的名義以賣國滅種害國殃民則可，說他們是「偽裝民主」，野蠻自由，殊欠切當。他們的民主，並無偽裝的形式，他們的自由，祇是野蠻的專制，並不止於民主的蟊賊，自由的罪人。但是，共匪而外的，對政府要求民主與自由，不能目之為「共匪的虎倀」的。我們在過去見到一些被中共迷惑與利用的人們，也有跟著共產黨如此來嚷。但是，除了一些要分政治杯羹的黨派，要利用自由民主名義，與中共稍同而外，吳國楨與其他無黨無派的人士，並不似蔣先生所指，是中共的虎倀，恰恰相反，乃是中共的死對頭。即就吳氏個人來說：天下人都知道他那不民主的指摘，完全接受孫中山先生遺教的要求，無論理論與行動，都與「共匪」無關，謂為「虎倀」，乃是不求甚解的說法，我們不能盲目而同意的。胡適不是要求蔣先生將以較多的自由與民主給與人民麼？這與吳氏沒有多大出入的，不同的，吳是不民主，胡適是民主太少而已。何以胡適不是中共虎倀，吳氏就是中共匪倀呢？這全國國民，不但不會「共棄」，而是要「共求」的。蔣先生的說話，過於隨便了。

對於自由與民主，蔣先生如何解釋呢？據說：「我認為民主的本質，就是平等與自由。而自由的精神，就是守法與守分，凡是遵守國家的法律和遵循國民本分的國民，其在國內都是人人平等，完全自由的，決不受他們來侵犯，允許政府來干涉的」。我們不必引證學理來討論，不妨簡單就所說來詢問：法律之下，一律平等與自由，此說由來已久，蔣先生也和我們一樣知道的。但「國民本分」是甚麼呢？蔣先生和一般的解釋，似乎又是不同的。即就奪取政權而論，所謂「政權」，是人民的權，治權，才是政府的權，孫先生的民權主義說的很清楚的，所謂政權，當不是依此，而是政治權利之謂。依照民主的通例，以選舉方式而爭取政權，沒有什麼不對的。那麼，菲律賓的馬西西，他的國民本分是工人，但他卻也做了總統了。假如他要守本分的話，應該永遠做不出頭的工人，不應與季里諾競選總統的。

共產黨並不以選舉，而以武力爭政權的，與此不同。如李宗仁之爭總統，也與此不同。蔣先生指吳國楨之名而罵之曰：「尤其在國外，藉外國政治的保護，和外國勢力的憑藉，來橫行不道，為所欲為，希望達到其傷害國家反攻復國的目的，這完全是共匪式的手段和行動……要掩蓋他個人不可告人的罪惡，逃避他對國家應得制裁罷了。」蔣先生以一個元首的地位，也如此的深文周納，悻悻然而對吳國楨，不止是小題大做，而是張冠李戴了。吳氏的「罪惡」不但蔣先生以命令將之告人，吳氏自己也將之告人，現在，出之張道藩已不像樣，出自蔣先生之口，我們實不知怎樣的說了。

由於蔣先生之如此悻悻然，不禁令人想起舊日大陸的情形。舊日對政府不滿的，當局都以共產黨目之，為叢驅雀不知多少人，被趕入共產黨去，依託於共產黨旗下去，使共產黨得坐大，亦即所謂資寇以岳也者，前事已忘，後事不師，現在對於吳國楨也要目之為匪式的言論與行動，不但時間錯誤，空間也錯誤了。舊日共產黨的面目未清楚，人們的頭腦容易被迷惑，蔣先生的帽子可以亂拋，被戴了帽的人，可以一怒而向共產黨歸隊。但現在已傀儡分明，帽子不能亂拋，人們也不會因再戴此帽子向共產黨歸隊了。蔣先生過去，相反地幫了共產黨的忙，大家是知道的。現在可不能了，如吳國楨，不會似翁文灝那麼胡塗了。他聲言不與任何有政治野心的人合作，不接李宗仁的秋波，斷斷不會投入共產黨懷抱裡去送死的。蔣先生私憾之深如此，不知道「私憾」可以敗國，民之古訓，就不能不為之嘆息了。

不過還好：蔣先生接著說：「但是，我們全體國民，如其對於政府如有不民主的批評，或有其不自由的檢舉，如同箝制思想，束縛言論，或秘密警察，特務橫行的事實，那我們政府當然要誠意接受，要徹底查明，要切實改正，以達到國民的願望。這是過去如此，將來新政府成立之後，更要如此，以滿足我們人民代表對國家與政府的期望。我還要求我們代表諸君，大家今後更要盡量協助政府，秉公舉發，嚴密監督，切實調查，看我政府是不是民主，不自由，那才能明辦虛實，糾正視聽，使狐疑中傷的謠諑不攻而自破，也使共匪與無恥敗類欺世的偽裝者無所遁形。」這是說：人民是有這個權利，我們應得謝謝蔣先生，在胡適請求之前，已給我們那麼多的民主與自由。民間不但可以點燈，而且可以放火了。今後能如此，我們馨香以求之的。但願「現在的如此」，不是「過去的如此」，事實就是過去不如此的。若把過去的如此，做將來的如此，加上了「更如此」，那就要隆情拜謝了。但蔣先生對國大代表的要求，為他們闢謠不打緊，要他們攻破不民主不自由的謠諑，及打擊欺世的偽裝者，我就不知他們從何處著手了。相見爭如不見，有情還似無情，我不知國大代表心頭，是一種什麼滋味了。

蔣先生在最後說：「我必率領政府同人，供獻我們個人的生命，來衛護我們的民主政治，犧牲我們個人的自由，來保障全國人民的自由，來收復大陸，解救同胞，來湔雪我國家六年過去的恥辱，贖取我個人對國家和人民的罪愆，以報答我四億五千萬同胞。……」蔣先生有此決心，又有此誠意，我們雖不是國大代表，也要為之忠義奮發，執鞭以從之的。但是，何以要在此演說的前段，對吳國楨如此的「肆其忿惱」呢？由此我們可以知道蔣先生被群小包圍的程度如何的深了。

實在吳氏之於蔣先生，到現在為止，並無如何不敬之處。不民主的指摘，未及於蔣。他之辭職，是本乎其道，是不可則止，本乎其禮，不可則去，並沒有失其古大臣的風度，到了美國，不但似忠臣去國，不潔其名，且對政府說好話。不是到了流言不已，又不許其更正，他不會發言的。他雖然有於指摘，但也有建議，而且光明磊落的，要求政府完全接受國父遺教，這是古大臣的風度，也是革命黨的精神。假如蔣先生明智的話，如易經之所謂，應該「以虛受人」，才是道理。而乃以信者為誣，以諫者為謗，此殆所謂「迫良為娼」乎？態度如此，要負起反攻復國的責任，就不知從那裡說起了。

書曰：「朝夕納誨，以輔台德。」又曰：「惟木從繩則正，后從諫則聖」，古之帝王，堯設誹謗之木，舜懸招諫之鼓，甚而詢茲黃髮，採及蒭蕘。吳國楨有了大臣的地位，所指陳各節，其性質是諍諫的，與陳布雷、戴季陶之屍諫，是異曲而同工的。而蔣先生不以之為德，而以之為怨，真是夫復何言了。陸贄曰：「古語有之，順旨者愛所由來，逆意者惡所從至，故人臣皆爭順旨而逆意，非忘家為國，捐身成君者，孰能犯顏色觸忌諱，建一言，開一說哉。是以哲后興王，求諫如不及，納善如轉圜，諒直者嘉之，子犯者義之，愚淺者恕之，狂誕者容之，仍慮驕汰之易滋，而忠實之不聞也。」蔣先生當政二十餘年，除陳布雷、戴季陶以屍諫而外，祇一吳國楨而已。但因為他沒有從諫納善的習慣，一聞吳氏之言，便以為大逆不道。大陸因無諫而失掉了，僅存台灣一島，所謂小朝廷也者。對國家民族有責任心的人，當此存亡絕續之秋，對於不善之政，良心還在，就如骨鯁之在喉，非吐不可的。但蔣先生有帝王的地位，沒有帝王的風度，如此，難道失了大陸，還要把台灣失掉而後快麼？不觀前轍，躬自蹈之，殆所謂下愚不移耶？漢光武車駕西征，郭憲諫不從，乃引刀斷車鞅，光武怒。及潁川兵起回駕曰：恨不用郭憲之言。光武當不從之時，僅怒而已，失敗而後才知悔，所謂知過能改，此光武之所以中興也。蔣先生之於吳國楨，不但怒，且欲得之而甘心，更而無悔，我不知道蔣先生如何以担當此中興的大任了。

開國名君李世民，他得了天下之後，即下令諫官隨宰相入閣議事，有失輒諫。據唐書所云：他是「神采英毅，群臣進諫者，皆失舉措。」他知道了，「每見人奏事，必假以辭色，冀聞規諫。」並且把所有的諫章，比之弦韋，列為屏帳。但蔣先生得了天下之後，則「強明自任」，從之者，祇有順旨而無逆意，予智自雄而自我作聖如此的。陸贄所謂：「夫君人者，以眾智為智，以眾心為心，恒恐一夫不盡其情，一事不盡其理，孜孜訪納，惟善是求」，就不是他之所知的了。蔣先生知道他自己是「公僕」，而又如此的拒人於千里之外，不是過於矛盾了麼？

據蔣先生之所云：全體國民有所批評及檢舉，當然要誠意接受。吳國楨的國民資格，又何能將之取銷。殆以他做過了官，就不得發言麼？在蔣之心目中，以為吳是叛逆，不但不許做國民，且政敵也不許他做，無論是專制時代，民主時代，政治都無此理的。所謂民主與自由，不知作何解釋，憲法精神，又在那裡了。蔣先生給我們做國民的以批評及檢舉的自由，我們自當拜手以謝，但吳氏「完全接受國父遺教」的要求，也是我們國民的要求，又何以輕於彼而薄於我們呢？邏輯上是說不過去的。在蔣先生，以為吳氏是沒有政治道德的，做過了他的官，就是奴，而他自己就是王，吳之有此，是奴欺主了。但這是部落時代社會思想，也不是專制時代的政治觀念。吳氏的政治道德，今古都不違的。不要政治道德，不是蔣先生的所憎惡的吳國楨，卻是他所寵信的張道藩之流，他們橫把貪污之惡名，加在吳之頭上，謠言不足，見之文字與語言。不但說他貪污，而且說他等於賣國。若干梦狗的報紙，且依據台灣頒下的宣傳綱領，在新聞上指之曰「企圖賣國」，不說政治道德則已，要說：違反的不是吳氏，而者台灣的若干人物，即吳氏的政敵，蔣先生是台灣的主宰者，反而深責於吳氏，我真不知什麼叫做政治，什麼叫做道德了。政治道德，在政壇上取消已久，而乃墜歡重拾其名，以之來責吳氏，而就是過於太阿倒持。傷害的不知是吳氏還是蔣先生了。蔣先生在大陸之時，對於政敵，由來取緘默態度，如汪精衛，即做了傀儡，他也不如何。我們以為先生內裡的政治手段雖有可議，但表面的政治態度，還有可取的。不知怎樣的，現在的態度，卻比大陸還不如，此殆「親小人」太過的結果乎？蔣先生的氣度，真的隨國土而蹙，要走入等於牛角尖的小圈子裡去了。不是親者痛而仇者快麼？

吳國楨事件，本來不應成為事件的，蔣能有適當的處置：即謠言發生了，也應該給予刊登啟事的自由。但不如此，任由張道藩發砲，問題擴大到了要致函國民大會，事情不許再錯，即無容忍之量，也祗由張道藩以下的工作人員，與之作文字的爭論。而乃不如此，任由大員的張道藩瞎說，且而要下其總統的命令以查辦。這已經失策了。國內外輿論之所以歸於吳氏，豈是偶然。但還不知道，要在對國大代表演講中，還要跟蹤追剿，那就過於失態，作為一國元首，如此的失態，那就事有難言了。胡適之臨別贈言，要求取銷對吳的查辦。若能臨崖勒馬，不失亡羊補牢之計。不然，再錯下去，誰敢担保胡適之不踏上吳國楨之路。這在國家是塞翁失馬，焉知非福，但在蔣先生則自絕於人，沒得可說了。「虧三光之明，傷億兆之望」，就要要自食其果了。

蔣先生對於憲法，聲言不惜以個人的自由及生命來保障及衛護之。有此決心與勇氣，我們要大喝其彩的。可是，憲法中所規定國民應有的自由，如那言論自由的一項，不知包括在內否？為了要保障及衛護及此自由的話，不必供獻個人的生命，犧牲個人的自由，祗把個人的權威，不但無所損失，並且有所益的。偏聽則暗，兼聽則明，言論自由，則一切不良之政，可以兼聽而遍聽得之，才可以「切實改正，以達到國民的願望。」蔣先生能如此做的，則對於吳氏的言論就不應再有什麼計較的了。若吳氏的言論自由，也不許其得到，則所謂憲法，就不必把個人的生命及自由去做代價了。憲法是要實行的。能實行，不必衛護保障，也是有用。不然，衛護與保障的解釋，就要變做封存與禁閉了。實在白紙黑字的憲法，只要誠意實行即得，不必付出那麼的代價，為之衛護與保障的。孝經曰：「昔者，天子有諍臣七人，雖無道不失其天下。諸侯有諍臣五人，雖無道不失其國。」蔣先生有天子的地位，何以一個諍臣吳國楨也不能用？真是有道了麼？中屠剛曰：「明主之資，猶屈已從眾，故慮無遺策，習無過事。聖人不以獨見為明，而以方物為心。」甚願蔣先生息怒，一味此言也。

蔣對吳氏之所以如此痛恨，主要的理由，就是吳之不民主，及以共產黨一套反共的指摘對象，是他的兒子蔣經國。經國雖然做過共產黨，但因為他是當今太子，憑著了優越的封建關係，不但沒有被懷疑，而且不經過什麼自首等手續，但負担了政治的職務。他的政績，最有名的，就是贛南的行政督察專員，及上海的打虎的經濟工作的。他在贛南，官職有父親給他，聲名有曹聚仁給他，不期而然的，成為一個惹人注目的政治人物。但是，據舊日在贛南從政經商的朋友告訴我，小蔣的一套，不過是新舊封建的混合表現，（是共產黨加上了包公案。如沒收產業，如廣州會館產業之被迫出賣獻捐）如微服訪案，就是人所共知的。他是人所共知的。他是想做一些情事的，可是，因為他是共產黨教育訓練出來的人物，中國文化的教養也有限，做了事情出來，有些不倫不類。曹聚仁以為他具有優越的封建關係，而其做作，也有些共產黨的作風，在虛無主義的觀點中，覺得他有可愛之處，乃名之曰新政。「為了國家民族，對於這個和國運相聯繫的公子，卻寄以深切的期望。」由於中國政治的可憐，使曹聚仁有那麼一個可憐的期望。但贛南的新政，便因小蔣的去而失敗的。但曹給他的虛聲，便做了蔣介石的寶貝，到了金元券發行，便派他到上海打虎去，但等到老虎的孔公子打不到，祇把一個蒼蠅似的商人殺掉。但金元券的政策，便與他的工作同時失敗的。失敗雖失敗，但他是一個有為的公子，不要錢，又有勢，人們不但諒之，但他是曹聚仁宣傳之下，予以期望。蔣介石把總統交與李宗仁回來溪口之後，就以小蔣經國來做手杖的。大蔣以眾叛親離而失敗於大陸，不向軍事政治經濟的措施去找原因，簡單地以為他人是靠不住的，所以到了台灣，加上了一個舐犢之情，使以小蔣來做「父子兵」。於是由黨而政，由政而軍的。都由小蔣支配，極盡了六韜所指的：「世子為政」之能事，所謂特務工作，政治部工作，是共產黨的看家本領，小蔣是共產黨出身，當然是合用。更而加上了「以其人之道還治其人」的觀念，以為反共非以共產黨一套對付不可的，此即所謂以毒攻毒的古老方法。可是對共的反攻未見效，對台灣官吏的干擾卻有其行。吳國楨做了台灣省主席，是首當其衝的。這一個受過了美國教育的中國書生，與他就水火不相容、便一再而三、四、五了，以辭職抗議的。小蔣這一個作風，台灣的政治人物，祇有暗自不滿而已，但美國人士，看不過眼之時，會有一個時期，要求取消政治部的消息。但以老蔣的堅持，祇有要小蔣赴美旅行，一吸民主空氣而已。吳國楨辭職赴美之後，抱著「忠臣去國」的心情，還是敢怒而未敢言的。但小蔣以為是勝利的，以情報政策使老蔣把王世杰免職之後，以吳為王之同黨，把貪污的罪名，以新聞將之播了出來。吳國楨要潔其名之故，不但敢怒，而且敢言的。但不過略提而已，想不到作為家臣的張道藩，為了要對「世子」獻殷勤，擺出了舊日CC的老姿態，竭力盡忠，與吳氏宣戰，把問題擴大到現在不可收拾的地步。查辦吳氏的總統明令雖下，吳氏還在美國，未能將之斬頭一洩心頭之恨，小蔣有所不甘的。於是，為了要對吳氏追勦，同時表示自己的威力，擬好了所引述的講詞，由老蔣在國民大會閉幕時演出了。我們把老蔣的演講詞加以按覆，便知道老蔣是演員，導演卻是小蔣。如此一來，當然對付不了吳氏個的人生命，但卻把吳氏與台灣的政治關係，一刀兩斷，政治主張，完全拒絕。但這不但把吳氏激起，對小蔣作指名的指摘，而且胡適等的觀感，作惡劣的改變。不但胡氏的觀感，即美國人士與中國同胞方面的觀感，也跟著來改變了。小蔣前兩次失敗並不如何影響到老蔣，但這一回呢？便要影響到小蔣自己了。因為不民主，以共產黨方法反共，小蔣就做了唯一的對象。老蔣絕對支持他麼？要失掉了對吳氏同情者的心，（這些人，包括了美國人士，及中國旅美人士，及海外民主人士）不支持的麼，他的政治工作，就難以繼續下去，可以說是失敗了。吳國楨對老蔣建議，要小蔣到美國去，再受教育，換一換民主的空氣。我們平心靜氣作客觀的批評，吳氏的建議，不但於小蔣無損，而且於他有益的。其理由何在呢？就是小蔣如何的幹下去，是幹不出什麼東西出來的。我們不必似一般人對他不信心，懷疑他還是共產黨，將來於國民政府，有何不利之處。但卻不相信他的智識與才能，能夠勝任而展開老蔣的反共復國大業。誠如胡適所說：他「在政治上是不足道」的。（在舊金山談話如此說，見《新生晚報》。）是的，胡適的話，在政治的事實與學理，有其根據的。但胡氏卻忘記，小蔣有的不是政治的智能，而是封建的關係。繼續下去則眾叛親離的事實，要由舊日的大陸，搬到了台灣來的表現。那麼？老蔣的前途又在那裡呢？吳氏的建議，得老蔣接受，小蔣反而得救。他具有如此優越的封建關係，在美國把智識開擴些，能力充實些，老蔣挾了廣大的人心以收復大陸，地位鞏固了，那時歸來，不但做作有機會成就也有保障。吳氏的建議，蔣氏父子，以為吳氏是反對他，破壞他的。實我們能實際些看，深遠些看，吳氏對蔣氏父子，是愛護的，是建設的。不知蔣氏父子能把此問題予以三思否耳。老蔣的演說詞以觀，對此問題，暫時是沒有考慮的。我想，不到了胡適也反臉，美國人士再出頭，蔣不願意對此問題有所考慮的。但老蔣為了國家民族的命運，為了他父子倆的前途，在公在私，非予以考慮不可的。

我們再把老蔣的演詞以觀，再而把吳國楨發生後的台灣宣傳以觀。（台灣官報及半官傍官的報刊）知道了他們以為吳國楨是「憑藉」了美國，以為美國的支持吳氏，深致不滿，而所有所責難。我們以為這個責難，過於孩子氣，是小蔣的意見的表現。實在台灣沒有美國支持，是沒有過去現在，他沒有將來。

美國過去之對台灣援助，於面積比台灣還小的國家還少，除了外交原因之外，就是對台灣的政治觀念與制度，甚而至於人事，也有其不滿意與不放心之處。我們在新聞記載的過程來觀，見到了美國記者對吳氏的關懷，而又見到美國報紙對吳氏的支持，知道美國對台灣的態度，已朝野一致。當然的，我們不贊成，事事要仰承美國的意旨行事的。如抗戰之後，接受了雅爾達條約，與蘇俄訂其喪權辱國的協定。又如馬歇爾東來，接受其軍事調解的主張，使共產黨得以坐大。但現在是不同了的，所謂今非昔比。艾克政府，不似杜魯門政府那麼偏狹與愚昧，不會再有舊日的錯誤。不已，且希望台灣政治上之有為。我們在報上見到，美國人士，對台灣作進一步的批評，只限於軍事而不及於政治，新聞觸角不如何銳敏的人，也都覺到的。我們過去，聽到不少沒有發表的消息，美國之於台灣，政治有開明而進步的作為，然後才全力協助反攻大陸的。當然，依於國際形勢，以及美國的戰略和政略，是否全力協助，不能輕於相信，但加強是有其可能的。我們把這些事實來做批評，不能如何責備美國，是內政的干涉。他們既要反對與他們思想與制度相反的布爾什維克主義，則與布爾什維克孿生的兄弟法西斯之思想制度，何能使他們放心呢？思想制度與他們政略戰略配合不起來之時，他們的援助要打折扣，那是理有固然的。我們並不是自卑，要仰賴於美國的援助，因為英帝國也非他援助不可的。沒有美國的援助，則反攻前的準備沒辦法，反攻後的善後也無辦法的。那麼？政治民主，改變的要求，我們不能以惡意視之。（反之，那是好意）理由所在，就是中國不民主，以共產黨一套反共，不但要減低政治的價值，也失掉反共的意義。這些理由，被目為「富於空想而又與實際政治絕緣」的我們同胞也知道，則作為國民政府大員，而被美國人士另眼相看的吳國楨那有不知之理。吳氏因為知道，知道得比我們多，事件就要因而發生了。這些事實，老蔣先生不會不知道的，但何以因吳氏事件，要對美國人士不滿呢？大概小蔣先生，受韓國總統李承晚先生的行為所影響，以為對美國非強硬不可的罷。但他卻忘記，台灣地位與韓國不同，美國人對李承晚及蔣介石的觀點也不同，許多事件的性質也有不同，假如把用神捉錯了，那不但誤國，而且要自誤了。自助人助，我們與其用外交的關係要求其加強援助，何不以進步的政治，博取其援助的加強呢？一切非靠人不可，還要對人鬧其孩子的脾氣，以為美國在戰略上非台灣不可，就可以為所欲為，那就大錯而特錯了。因為你有脾氣，人家也有脾氣的。同時，蔣氏父子之於吳氏痛恨，以為吳氏如此做作，有破壞美援之可能。實在，了解台灣內情的，美國要比吳氏多的。吳氏不說，他們也知道，說了，蔣先生不覺悟，也不能破壞，反而覺悟了，可以增加。那麼，吳氏之所以如此，不但不會破壞，而且希望美援對中國的增加，而台灣的官報准官報，反而謂為等於賣國，企圖賣國，不但冥頑，而且過於不靈了。

朋友告訴我：蔣之演說發表後，胡適與之作攤牌式的談話，說政治若不改革，他就永不回國。我們把蔣總統保證較少自由與民主給與人民的官式新聞來看，不能說不是事實的。所以，胡氏的臨別贈言，就是主張撤銷吳氏的查辦案，到了舊金山，則指蔣經國在政治上不足道。那麼，蔣氏父子對吳國楨事件，要堅持其原來的態度，則問題之發展，必然是嚴重的。這對蔣氏父子沒有什麼好處的，蔣氏是以國家命運有關的主要人物，影響他個人事小，影響於國族事大的。到此，為了自己，為了國族，蔣先生就不得不有抉擇了。似吳國楨般耐不得的，大有人在，不但海外同胞有之，台灣裡面也有的，胡適對吳國楨公然支持起來，不但不是張道藩家臣的文字所能抵當，即蔣先生與胡氏的交情也不可盡靠的。人們的容忍有限度，蔣先生的做作不能沒有考慮的。

蔣先生為了支持他的兒子蔣經國，不惜拋頭露面如此，可謂責人未合其德，愛子不以其道了。唐太宗作帝範以賜太子，其中有云：「汝當更求古之哲王以為師，如吾不足法也，夫取法於上，僅得其中，取法於中，不免為下，吾居位以來，不善多矣。錦繡珠玉，不絕於前，宮室臺榭，屢有興作。犬馬鷹集，無遠不致，行遊四方，供頓煩勞，比皆吾之深過，勿以為是而法之。顧我弘濟蒼生其益多，肇造區夏其功大，益多損少故人不怨，功大過微其業不墮，然比之盡美盡善，固多愧矣。汝無我之功勤，而承我之富貴，竭力為善，則國家僅安，驕隋奢縱，則一身不保。」蔣先生能把這一段話，細加玩味，不但可以以之自省，而且可以之訓兒了。唐書的太宗故事，大可以供蔣氏父子參考的。這不但對吳國楨事件有解決之道，即何以自處，也知其理了。老蔣先生不能再失敗，小蔣先生也不能再失敗的。吳國楨的言論與行動，是不願蔣先生失敗的。若是剛愎自用，不予接受的話，則咎由自取，於人無尤了。

蔣與吳國楨之間，弄到如此僵局，問題是由蔣經國而起，沒有疑問的。蔣經國是希望有為的，但由於教養之不足，其表現不免於錯誤，也是事實。過去在贛南及上海的錯誤，在於技術，其動機是好的，不必予以若何重大責難，而且予以原諒的。但這一回對吳國楨問題，把自己的父親也拉了下去，把尋常的事件，鬧到了滿天神佛，使自由中國的政治，招致極大的損失。經國要有為的話，若不把有恃無恐的心理與行為，自我檢討而予以改正，則其前途的拂逆，可以影響到他的父親前途的拂逆，那是不可避免的，要有為而有成就的話，則對於學問的研求，經驗的獲取之餘，不可不再把人情世故，作深切的了解。吳國楨要求他到美國去讀書，是有理由的。在美國智識方面是如此的了。但在中國智識方面，也不能不留意的，知有俄國一套而不知有中國，也是不對的。所以，我們希望蔣經國而至吳國楨，在了解美國當中，要了解中國，因為我們要做中國的事，不是做俄國而至美國的事。至我們與美國的是盟友，而是援助我們的朋友，那是另一回事。朋友就是朋友，不是家人，應得明白的。

現在的台灣，對於吳氏的攻擊，已經停止了。據《工商日報》四月十三日所發表的台北通訊，說派劉文島到美國去，勸吳氏不要再對政府攻擊。我們把事件的經過來看，吳氏是被動的，台灣對他不為已甚，他不會如何的。但總統明令如何收回呢？不收回，徒憑私人來勸告，那是沒有用的。吳氏的要求，大前提是正確的「完成國父遺教」的主張，在二十多年，國民黨黨內同志，黨外同胞所要求，吳氏所以獲得我們的同情，就在於此。有了正確的大前提，則其他有些過當的言論，如要求中央社賠償二百元損失，就不被重視了。我們希望吳氏，堅定其主張以努力，不偏不激，依照其拒絕與有政治野心者如李宗仁及所謂第三勢力的領袖也者合流，則他的政治生命，是有光明發展的。一個國家人才，於國族第一的思想當中，再而把智識與經驗充實，才算健全。蔣經國何以被國人之疑，吳國楨何以副國人之望，那就有待於他們的努力了。至於蔣介石先生，一身與國族的運命有繫，對於這個事件的處置，是否再失當下去呢？我們且待下回分解，才作批評的了。

孤臣之涕・孽子之心

——吳國楨四上蔣介石書的介紹及批評——

吳國楨事件發展到了現在，由於台灣當局已不再有表面的行動與言論，似乎可以告一段落。這是大鑼鼓的尾聲，還是暴風雨的前夜，有待於下回分解，現在似乎可以告一段落了。「寶釵分，桃葉渡。煙柳暗南浦。怕上層樓，十日九風雨。斷腸點點飛紅，都無人管。倩誰喚流鶯聲住。」辛稼軒春晚詞的〈祝英台近〉前闋，把此事作一個很好的比興。梁任公曾批評此詞，謂為南渡之音，那麼，吳國楨的事件，乃是東渡之音了。多情自古空餘恨，作為批評者的我們，本來不願，也不必再說的了。可是，此事件的實際情形如何，還有待於了解的。以朋友們之多情把吳國楨氏在美國所發表的上蔣介石先生的函，剪下相寄。事實過於珍貴，情調也過於悲涼了。所謂孤臣之涕，孽子之心，作為海上遷客的吳氏，固無以為堪，而關心政治的我們，就不免於誰能遣此了。

吳氏上蔣之第一函，不曾發表，所陳述的，在致國民大會中所舉之外，還有其他，但蔣的答覆，就是免職查辦的明令。時報的主筆先生，責備吳氏有意見不在台灣陳述，吳氏真的如此做，不祗於「中使頻呼赤棒來」，而是「東市朝衣一旦休」了。但吳氏要報國而報蔣，一不做二不休，於三月廿日，再度致函蔣介石。要求公佈秘密監獄內幕，及報紙停刊記者被捕事實。此函與三上、四上的函，自由中國不許發表不奇怪，而作為民主窗櫥的香港報紙，所發表的不過外國通訊社的摘錄，也略而不詳。而與台有關的報紙，翻譯發表之時，有刪節，甚而至歪曲之處。這些函件，吳氏為使僑胞明瞭，將之分送美洲各報發表。其第二函，見之於三月廿四日的《聯合日報》，為使此地同胞明白，全文抄錄如後：

總統鈞鑒：楨日來閱此間僑報所載中央社消息：令人嘆惜政府對楨建議國民代表大會案處理之失當。若長此無謂宣傳，不獨濫費政府之有用金錢，且更將使人民僑胞及友邦人士深切感覺政府之無能與無信，楨為顧全國家體面起見，不得不再向鈞座有所陳述。

查楨之建議案六條，係針對目前政府之錯誤向國民代表大會建議，國民代表大會雖可拒不受理，而鈞座身為總統，則不能不負責答覆。若鈞座認為現行政策，完全無錯誤可言，亦應逐條說明，使全國人民明瞭鈞座之用意所在。若鈞座認為楨所見甚是，則應當機立斷，照楨意見徹底改革，以挽回民心。即就楨所指出事實而言，亦應有所詳細解釋。例如下列問題，在楨函內已明白說明，何以至今毫無答覆。

（一）國民黨經費是否由政府負担？

（二）政府有何畏懼，不通過一「政黨法」，保障各方反共人士均能在台公開成立政黨，批評政府？

（三）軍中究竟有無國民黨之秘密組織？

（四）政治制度對於士氣究係有益有害？益處何在？害處何在？

（五）我國特務機構，究有若干？其權力有何範圍？何人出面支持？何人背後支持？

（六）特務拘逮人員，究向何方報告？若超過法律範圍，究向何人負責？

（七）特務曾否干涉選舉？曾否違法逮捕人民？

（八）特務機關自民國三十九年三月一日（鈞座復職日）起，至今已逮捕多少人民？

（九）台灣有無秘密監獄，能否派員查勘。

（十）自三十九年三月一日起，至今有多少報紙奉令停刊？有多少記者被捕？其事實經過及法律根據何在？

（十一）青年團究係隸屬政府或國民黨？

（十二）青年團若隸屬於政府，究係隸屬何院何部，其組職法曾否經立法院通過？若隸屬於國民黨，何以據中央社報導，楊爾瑛又言：其經費係列入國家預算之內？

凡此類推之問題，皆有解答之必要。至楨所建議具體措施六項，此為當前改弦更張起死回生之良藥，若不能接納，更應分條詳述，俾民眾得以明瞭不能實施之理由。

政府若能照楨所舉上述辦法解答，則立場自為正大光明。今不此之圖，對於本案癥結所在，含混了事；而對於楨個人私德，則指毀萬端。豈不令人民感覺政府詞盡理窮而乃故意裁誣於楨耶？

此若出於私人，已屬可恥可鄙。今乃由於政府，尤其是人民所寄望領導各方反攻大陸以贖舊罪之政府，豈不令四海失望，內外灰心。

再就所指責楨之罪名而言，尤屬不解。近代文明國家，凡提出罪狀，必須先舉證據。而我政府此次對楨則獨不然，先提罪名，再擬羅織證據。此岳飛精忠報國而死於秦檜「莫須有」三字之手。在中古時代，帝王專制，此辦法或屬可行。在二十世紀之國家，行之不過徒損政府名譽而已。「欲加之罪，何患無辭」，此共產極權國家之所以令人痛心疾首。我故府何以不打自招，而承認其真心模仿共產極權辦法耶？

楨茲有數事，須向鈞座請示：

（一）如政府認楨在上海貪污瀆職或棄職潛逃，何以政府在大陸既失台灣最危險之民國三十八年十二月任命楨為台灣省主席？

（二）楨承乏台政，三年有餘，若有過失，何以不早加彈劾，免職查辦？何以必須楨堅決辭職，至再至三，而始照准？何以鈞座在四十年鈞座復職週年紀念宴會上，四十一年元月及四十二年元月國民月會上檢評前一年施政成績時，公開訓示，對於省政稱讚備至。尤其對於財政金融糧食政策，推為省政政績第一？

（三）楨辭職已將一載，並無人控訴楨有貪污瀆職情事，若有何以鈞座於十一月二十日尚託最親信之重要人士親筆函楨，囑楨回國就任總統府秘書長，直至二月八日又命國民黨張其昀秘書長親筆函楨趕速回國，担任新職？

（四）楨於二月七日，迫不得已，始對政府略有忠告，二月二十七日始正式分呈國民代表大會及座鈞函陳述意見，於是三月四日張道藩始受人指使，不提證據而空口控訴楨各項罪名，此豈非故意誣陷，以圖搪塞耶？

楨現已被迫，流亡異國，但楨已聲明懇請政府派員來美徹查楨經濟情況，並再度聲明，政府可將證據檢送美國法院，要求引渡，楨屆時決將拋棄政治犯之特權，情願到法庭對質，若真有罪，自甘回國領罪。本來警察國家，何種證據不可偽造？但楨所望鈞座注意者：即民主國家之法院非御用法院可比，若一朝偽造證據被人查出，則國家體面又將何在！若政府不敢要求引渡，而祇在台灣缺席審判，或下令通緝，或羅織冤獄，陷害其他無辜，在此鈞座，大權在握，何不可為？但為國家著想，則是不啻自身證明其為警察國家之本質，宣告政府領導能力及政治道德之破產，而將予楨以更向世界輿論控訴之口實。一誤不可再誤，楨雖已開罪鈞座，但深望鈞座以我國元首之地位，不再自迷不省，陷國家民族於不可挽救之危機，而能「下詔罪己」幡然改圖，接受楨六項具體建議，則楨雖不能回國，全國人民亦將受賜無窮矣！

再台灣方面祇有鈞座一面之宣傳，此函務請鈞座交由台灣各報發表全文為禱，專此敬請

崇安

吳國楨呈三月二十日

吳氏函中所列的十二項問題，（一）國民黨經費是否由政府負担，這是由來已然的事，所答「是」不可，「不是」亦不可，祇有不答了。（二）的問法，我已批評過，憲法所規定的人民應有的自由，如集會結社言論自由實現，甚麼「政黨法」就不必提出，「批評政府」，也不成問題了。（三）項所謂「軍中究竟有無國民黨之秘密組織？」也是多餘，因為在軍中的國民黨組織，不是秘密而是公開，由來已然的。叫蔣如何的答呢？（四）項所問之政治部制度，於士氣有益有害，祇有時報的主筆為之答覆過，我也有討論過，但蔣是不屑予以答覆的。第（五）項特務機構之問，不但不能答，而且更觸怒了。天機不可洩漏，隱情何能表露？而（六）項所謂「拘逮人員」種種，與七項之干涉選舉，（八）項之「逮捕人民多少」與（九）項，「有無秘密監獄」，第（十）項之「記者被捕」一樣，是不可告人不能告人之隱，對於台灣所謂民主自由的尊威，過於傷害了。十一、二兩項之青年團問題，也當然一起置之不答了。既不接納，當然反噬，四海是否失望，內外是否灰心，從來沒有考慮之習慣的。政府名譽之有無損害，又何暇計及？但吳氏則情有不甘，要向蔣作數事的請示了。（一）是的，做上海市長如此無用，何以用之再做台灣省主席，

不勞吳氏再問，我們已經同此心同此理而提出過了，（二）趙孟之所貴，趙孟能賤之，當年的「讚稱備至」，今日誣毀萬端，所謂好則鑽毛出羽，惡則洗垢索瘢，那是辯證的發展，正反無憑，合否在己，共產黨的政治哲學方法論，已做了近代中國的政治道德，是非不明、邪正不分、忠奸不別，所謂自古已然，於今為烈。所以有今日，做蔣的官吏，要有政治的人格及主張，就如此的沒有好下場了。（三）我已指出過，接王世杰而做秘書長的事實，是誠意抑是手段，大有問題，因為拒絕了，貪污瀆職的罪名，便把流言來證實了。（四）張道藩之受人指使，不過次一步驟而已。

吳氏是好漢的，願拋棄政治犯之特權，與之在法庭週旋。但卻是很老實的，勸蔣珍重其地位。不但吳氏如此，胡適也如此說了。蔣先生雖不把該函全文發表，但「一面宣傳」也停止了的。是不是顧忌吳氏向世界輿論控訴呢？我們就不必予以推測了。

蔣先生在國民大會閉幕時的演說：言中所指，聯合社有所報導，我亦有所批評，吳氏為當事人，當然不能默爾的，於是有三上之函，函曰：

總統鈞鑒：當前國家局勢，危如累卵，楨之二月二十七日向國民代表大會建議，雖未蒙採納，然而楨身為國民一份子，又安能不集思焦慮，為國盡忠，正擬再度向鈞座陳述，作更具體救國之積極建議，乃在文稿尚未擬定以前，又閱電訊報導二則，令楨痛首寒心。

（一）據合眾社廿六日報導，鈞座對楨三月二十日之函，已完全拒絕不理，並不准在台灣報紙發表，是鈞座已決定封閉台灣人民之耳目。不使其有任何言論新聞之自由。
（二）據美聯社廿五日之台北電，內稱：「蔣氏在國民代表大會所發表之閉幕辭中並謂：彼政府將歡迎有助於中國之批評言論。惟中國人利用在外國居留之安全來批評政府，實與共黨無異。蔣氏之攻擊，顯然對吳國楨……而發」等語，此更令人不解。

（一）楨在台時向鈞座陳述意見之事實太多，茲不贅述。其中有二事，謹於此提及以引起鈞座之回憶。民國卅九年鈞座在角板山渡六十四華誕時，楨乘鈞座閒情逸緻，鄭重進言。國民黨應不用國家經費而自向黨員籌募，且應鼓勵反對黨之成立，俾能奠定兩黨制度，鈞座當時唯唯否否，而事後反變本加厲。又四十一年二月，楨為力爭法治堅請辭職時，曾向鈞座面陳：「如鈞座厚愛經國兄，則不應使其主持特務，蓋無論其是否仗勢越權，必將成為人民仇恨之焦點」。當時鈞座連呼頭疼，囑楨不必再說。此後鈞座對於經國兄則更加信任。不獨任其控制特務及軍隊，且使之操縱黨部並主持青年團。因此楨在四十二年四月五日辭職期間，幾遭暗算，險被殺身。

（二）總統府前秘書長王世杰於去年十一月間，突被免職，鈞座所親下之令為王氏「蒙混舞弊，不盡職守，著即免職此令」等語。此案雖迭經各方輿論要求宣佈所謂「蒙混舞弊，不盡職守」之真相。然迄今政府並無隻字說明。台灣來人告楨，謂王之免職，實因其談話不慎，為特務所密設之錄音機錄去，報告鈞座，是以有此結果。特務之在各處，甚至私人住所，密設錄音機器，楨固知之，但王案之是否如此，楨不敢必，惟在鈞座未宣佈王案真相以前，楨不能不認為此種說法，有其相當根據。

（三）在大陸未淪陷時，在南京《救國日報》之龔德柏氏對於政府，曾有大胆批評。但其人堅決反共，則為舉國所共知。三十八年冬，大陸淪陷，龔氏家資蕩盡。流亡台灣，楨曾親見其人，以窮途末路，台北生活較高，乃遷往新竹居住。自龔來台後，並未發表任何批評政府之言論。楨於四十二年四月辭職後，尚未來美以前，始悉龔氏於四十年冬被特務秘密拘捕，並未送由任何法院審判，「生死莫明」。楨得悉此事，內疚良深，蓋以此乃楨任內發生之事，而楨竟毫不知情，但此係親眼目睹龔氏被捕者向楨所言，其人又一向忠實可靠，在政府未宣佈龔氏在何處或為何被捕以前，楨自不得不予置信。

有此三事，楨不得不作下列之結論。（一）在台灣向鈞座直言面爭者有遭暗害之可能。（二）在台灣背後指摘鈞座者有遭污毀之可能。（三）在到台灣以前曾經批評政府而在到台以後並不發言者，有被非法拘捕秘密監禁之可能。為此，則又安能有人敢向鈞座在台作「合理」之批評建議耶？

再就聯合社報導所引用鈞座之語，楨亦不能不有所詮釋，依鈞座之意，則凡在國外之中國人不能批評鈞座，若有批評，即「與共產黨無異」。在國內之人亦不能批評鈞座，若有批評，即係犯上，應受處分。嗟乎皇天！是鈞座不願任何中國人批評鈞座而已耳。

又據僑報載：鈞座在國民代表大會閉幕辭中又稱：「國家之自由高出於個人自由之上」。此語理論，實可研究，不知鈞座所指國家為何，若謂國家係一國國民全體個人所湊成，則每個個人若無自由，其集合體之國家又何能有自由。若謂國家自國家，個人自個人，則揆度鈞座之意，無非祇有鈞座能代表國家。其他人民不能代表國家，祇有鈞座有自由，其他人民無自由。路易十四曾云「朕即國家」，即此一語引起法國後來之大革命。為舉世所詬病。鈞座身為元首，古語有云：「一言興邦，一言喪邦」，竊望鈞座以後慎重發言也。

楨本不擬作此書。楨之仍作此書者，實以鈞座天亶聰明，但自私之心較愛國之心為重，且又固步自封，不予任何人以批評建議之機會。楨於日內即將就楨個人所見，提出簡單具體之積極建議，或能於國家民族有所裨益。但又恐鈞座不肯虛心採納，故特作此。深望鈞座力自檢討，虛己從人，藉能於數日後平心靜氣以研究楨將擬具之建議，是否可行也。專此敬請

崇安

吳國楨呈三月廿八日

蔣那失態度的明令，與沒體統的演說，吳氏非根據事實要求解釋不可的了，他所舉出的三事，是很好的內幕，關係之大，是不能忽視的。（一）我們知道吳是一個有政見而能力爭的人。

但蔣既唯唯而否否，再變本而加厲，吳不得不以去留來爭了。關於蔣經國，吳氏以為愛之不應使之主持特務，可謂金石良言。但吳氏好意，不但不為蔣先生所接受，且遭蔣經國的謀算，真是好人難做的了。由此，我們可以見到，蔣介石先生不但沒有遠見以為自己，也沒有近見以愛蔣經國。而蔣經國是一個做過共產黨，受過共產黨教育的公子哥兒，既有野心而貪權，又復任性而使氣，長此下去，欲不為蔣氏父子耽心不可的。可憐吳氏忠心一片，不惜冒疏不間親之嫌，為之犯顏直諫，招致了今日的麻煩，這正是所謂不可與之言而言，是為失言。孤臣之涕空危，孽子之心徒墮，蔣先生之所以不能維其江左王氣，就不是偶然的了。以有先見之人，也說豎子不足以謀，則箕子當然非去國不可的了。但吳氏惓惓不已，還要求蔣先生要經國赴美留學，真是明珠暗投了。韓詩外傳有曰：「以道覆君而化之，大忠也，以德調君而補之，次忠也。以是諫非而怒之，下忠也。若周公於成王，可謂大忠，管仲於桓公，可謂次忠，子胥於夫差，可謂下忠矣。」吳氏盡其大忠不可，次忠不得，只有下忠如伍子胥了。夫差賜子胥自殺，子胥憤而遺囑，要掛其頭於東門，看越師入吳。吳氏做下忠不死而去國，載其頭以看蔣氏父子於將來。蔣現能受吳氏之善，不但吾國有福，其家亦有福。但既不受亦不知吳氏之忠，吳氏雖幸而不如子胥之死，把東海的怒潮，與錢塘的怒潮，使遺恨同咽。不幸的不知是吳氏，抑是蔣氏父子了，天何言哉，人又何言哉！

王世杰的案，原來是那麼一回事麼？根據外間的傳聞，吳氏知其一而未知其二，但王案的真相，已可見其一斑，以窺其全豹，而做了我過去報導的小註腳了。王氏地位，是總統府秘書長，其罪名，又是總統命令所確定。但案情如何，至今不明，我們實不知道那「好以政治綱紀及道德為言的蔣先生」，何以自圓其說，自飾其非。簡侮大臣，狼而無親如此，不能把真相以名天下，那是當然的。但這不是沒有前例的，李濟深為了要調和桂系於他以爭，以吳稚暉之誘致而將之扣留，真相是不明白宣佈的。胡漢民與他爭論之時曾說：「孫先生死了，沒人教訓你，我就得要教訓你」，蔣也將之扣留了，其真相又何曾明言？這不祇於內行險忌，而且是縱惡自棄，不祇於簡侮大臣，而且挫辱元良了。李濟深、胡漢民也不免，何有於王世杰。王氏書生無力，又做了籠中之鳥，不過犧牲而已，不會也不能反抗的。但是，因胡氏被扣留，惹起了西南之變，而李濟深被扣留，使之後來不惜與中共合作而倒蔣。有人勸李，謂共不可靠，李說：但能倒蔣，死也不惜的。怨毒於人已甚，國民黨之所以多事，大陸有今日的失陷，自己曾覆其轍，而自己又再踏之，把王氏扣留。王氏現在是無能為力，但天下之士，誰不為之聞風而震慴。生人勿近如此，是亡國之政也，一誤再誤，要使天下之人，為個人的惡政權而效命，即上帝有靈，也不能為之庇佑也。蔣先生之失敗，曾有國人不服從於彼為恨。但喜怒無常，好惡難定，如何服從下去呢？實在，國人不服從，蔣先生二十多年來政權，又是誰來支持？自己無情，以為人是無義，人無過以為人的過，已有過而以人為過，祗有小人之可親，斷無賢士之可近了。吳國楨要求蔣予以解釋，彼何人哉，吳還不知如此，難怪自我聖明的蔣所不喜的了。

龔德柏在台蹤跡不明，早有所聞，不是吳氏提出，則宣傳與特務人員，以為說者是中傷自由中國了。龔氏之品學如何，我們不願加以若何的批評。但是，他之被秘密扣留，並不是在台有不利於政治的言論，因為他一切蕩然，不能在台辦報。我們記得，龔於國民大會第一次大會，副總統競選之時，是支持李宗仁，反對孫科的。李氏傾廣西及安徽兩省之所有，揮金如土，分潤及於龔氏之《救國日報》，那是當然的。但這是查無實據之事，也沒有理由以此為扣留龔氏的，有之，其為幫助李宗仁了。是的，龔不支持蔣所支持的孫科，不喜之則可，已經報銷了的政治舊賬，還要清算，清算又不以其道，胡裡胡塗的，使之蹤跡不明，這不但不是現代民主國家所應有，也不能舊日專制帝王所應有，而乃如此為之，不是「警察國家」的本色麼？蔣與陳誠，也曾言之，過去一切對政府批評與反對的人，也予以容納，但一個龔德柏，在文化與政治也發生不了甚麼大作用；也如此對付，我想，有政治見解與主張的人，過去不以蔣之做作為然的人，不是吃了豹子心肝，也不敢到台灣去的。我們聞道，去年赴台觀光團中，曾有共諜滲入，也不扣留，以為他們還惜人言的。但此為公開之事，不似龔氏之可以秘密耳。

如此的把龔德柏扣留，當然是不合法，也不合理的。實在如此不合法理，何止於龔氏個人？比之還不合法理甚而至無情義的，還有張學良在呢。西安事變，張學良被抗日之熱情所動，與楊虎城將蔣扣留，但到了明白之後，且護蔣返京，甘受法律的裁判。以李烈鈞為主的軍法審判，張是交由軍委會看管八年。但到了現在，已經是十有八年，而軍委會也取消了多年，而張學良呢，還是依然被扣留，非法違理，絕情棄義如此，那裡是龔德柏之所能望，不過吳國楨以龔在其任內被捕，責任有在，不得不提出抗議而已。然蔣先生之偏狹，已盡睚眦必報之能事。此為江湖好漢所沒有，有之，不過市井英雄，可憐蔣先生做了一國元首，還是如此，所謂江山易改，秉性難移也耶？冤冤相報，怨怨相乘，過去統治的失敗教訓不知，則將來復國的成功希望何似？我們要為國族前途耽心，更為蔣先生的事業耽心，一個不為政治文化界所重的龔德柏也如此，其他更何復論？那反共救國會議召開，我不知道過去批評過政府，反對過蔣陳的人，有什麼理由去參加了。胡適之所以不贊成召開，殆不願再見此醜事的再見乎？蔣先生對吳氏之請求，除了以行動來解釋之外，就無以塞天下之口了。但就蔣氏性格而論，能否做到，不能沒有疑問的。

蔣先生過去以對他與政府有批評的人，雖是善意，不以共產黨目之，就以與共產黨無異目之，為叢驅雀，現在也是如此，無怪當其衝者的吳氏，「嗟夫皇天」了。「國家之自由高於個人自由之上」的說法，吳氏勸其慎重發言，是十分真切的。路易十四的政治哲學，即所謂朕即國家，做了獨裁者理論的根據，蔣先生我即國家的觀念，與共產黨「我即人民」的觀念，又有什麼分別？「自私之心，似較愛國之心為重」。那是一針見血之批評，但自私者並不是自愛者。蔣先生既與國族命運有不可分的關係，應該愛國而自愛，自愛而愛國，我不得不隨吳氏之後，希望蔣先生做一個聰明的自愛者，不要做一個愚昧的自私者。但忠言逆耳，蔣先生能否接受吳氏的忠言，那就難言了。

吳氏對於蔣先生，為了盡其知無不言，言無不盡的衷忱，聞其有改革之消息，又作第四次的上書。把政治改革的前提，提了出來，即胡適做行政院長，蔣經國赴美留學是也。其書是那末懇切的，錄之如後：

總統鈞鑒：閱合眾社一月二十八日台北電，內稱據胡適今日在台北向記者稱，蔣介石將作大規模之改革政府行動，以答覆各方對於彼政府之嚴厲批評，胡適聲明，蔣介石曾於最近向國民代表大會之八十五人主席團表示此項決意等語，聆悉之下，不勝興奮。鈞座始終反共，百折不回，此為國人推崇鈞座之點。此為友邦同情鈞座之點。楨之所以肯於大陸淪陷之餘，舉家遷台，攜帶毒藥，承乏省政，以擁護鈞座之點。此又楨直至今日，祇欲勸導鈞座改善，而無毀鈞座之意，祇欲說明事實，促使鈞座民主化，進步化，而不作任何其他活動，以圖推翻鈞座之點。

但鈞座之病，則在自私。在大陸則祇顧個人之政權，在台灣則於茍安之後，又祇圖傳權於子，愛權勝於愛國，愛子勝於愛民。因此遂走上一人控黨，一黨控政，以政治部控制軍隊，以特務控制人民之重大途徑。一誤已失大陸，豈可再誤而坐失恢復大陸之機會，甚至使台灣不保耶？

鈞座今已向胡適之先生等表示決心改革，聞之實促千千萬萬愛國人士倍增興奮。但楨所懼者，即鈞座言改革而實不改革，假改革而不真改革耳。禎承乏台政三年有餘，其始也即楨亦覺鈞座慘受大陸失敗之教訓，已銳意改革，故敢冒死犯險，竭智盡忠，以圖報效。但其繼也，則愚忠如楨者，亦知遭受鈞座之欺騙，祇好棄高官厚爵如蔽蓰，背耆老父母而不事，遠走異國，自甘流亡耳。

當前國勢，千鈞一髮。國內分崩離折，國外陰雨密雲。鈞座若圖挽狂瀾於既倒，則必須做一驚人事件，使全國上下，友邦人士，皆能諒解鈞座改革之決心，昭昭然如日月之明，而後頹勢可挽，人心可回，台灣可保，大陸可復，楨為鈞座深思焦慮者一月有餘，始得此結論。謹將楨認為鈞座必須立即採擇之措施，供獻於下：

（一）我國現行憲法對於行政制度，實屬含混不清。其何以如此，姑不具論。但只就憲法文字而言。其究係總統制或責任內閣制，則言人人殊。即以鈞座而言，當三十七年第一屆選舉總統時，鈞座原有意推胡適之先生為總統而鈞座自任行政院院長。蓋鈞座之意為。如鈞座任總統，則為總統制；如鈞座任行政院長，則為責任內閣制。與憲法均無牴觸，而大權則皆在鈞座之手，自鈞座任總統以來，鈞座及左右人士皆認為總統制，故為所欲為。此實為我國政治進步之一大障礙。楨謹鄭重建議，鈞座應利用此第二屆選舉總統後之機會，明白聲明我國憲法為責任內閣制，所有政權軍權均由依法選任之行政院長全權負責處理，總統不再過問。

對於此第一屆責任內閣之行政院長人選，楨謹建議以胡適之先生担任。適之先生道德文章，舉世欽崇。或謂其無行政經驗，大凡主持大政之人，首要在其主張而不在其行政經驗，胡先生之主張則絕正確。且鈞座及鈞座左右之人更不能以此為口實而反對胡先生。蓋鈞座既曾推薦胡先生任總統，總統胡先生尚可為，行政院長又何不可為耶？或謂胡先生健康欠佳，即胡先生本人亦有此言，但國家存亡所關，個人身體安能顧惜，若鈞座肯全力支持，授以全權，責以大義；楨意胡先生必將其愛國至誠，毅然接受而不辭其難也。

（二）年來我國政治進步之又一大障礙，即為經國兄。對於經國兄所主張及實施之一套辦法，及其引民眾之惡劣反感，姑不再論。而經國兄在蘇聯學習十四年，對於近代民主政治，實屬扞格，則可不隱係諱之事實。楨意鈞座為表示大公無私起見，此時此地，實不宜再令經國兄留住台灣，在幕前或幕後操縱把持。鈞座應立即英斷，派遣經國兄來美入大學或研究院讀書，俾其能對於民主政治深切了解；在大陸未恢復以前，不必重返台灣。如此造就，則將來恢復大陸以後，尚不失為一有用之人才。而鈞座並不欲傳權於子之心跡，亦可向全世界表明。

此二者皆易行之事。而鈞座果即為之，則鈞座愛國之心，勝於愛權；愛民之心，勝於愛子；當即昭然若揭。君子有過，如日月之蝕。舉國人士所患者即鈞座不肯改革耳，若鈞座肯真心改革，則何人將不歌功頌德，衷心擁護。楨雖飄流海外，亦將首先吶喊，稱頌鈞座也。

反共大業，繫於一髮。此一髮即係鈞座之用心，何去何從。惟鈞座擇之。專此敬叩

崇安

吳國楨　四月三日

蔣先生聲言要貢獻其生命，犧牲其自以維護及保障的憲法，「對於政治制度實屬含混不清」，那是國人共見共感之事。誠如吳氏所說：「鈞座任總統，則為總統制，如鈞座任行政院長，則為責任內閣制」，又是國人共知共明之事。故吳主張明定責任內閣制，以胡適為首任的行政院長。此不祇是政治制度的討論，而是國家大計的考慮。法度是為國家而設，不為個人而設的，若憲法的原則及條文，為個人的權力而轉易變更，那就亂政，是亂國之政，這不但為國家的前途要注意，即為蔣先生個人，也應注意的。國家有了良好的規模，不但國族有利，自己的兒孫亦有利。權力是不能永存的，失去之時的悲慘結果，秦二世的故事，不是明白告訴我們了麼？至胡適之做行政院長，胡氏能俯仰相就，蔣是不反對的，理由就是胡氏的聲望，可以誘致美援的。但胡氏對蔣先生不是沒有了解的，屈己以就之，要獲取此明知其不好的下場，是不肯為的。實在，責任內閣制有決定的話，即不是胡適，也是有為的。老成的閻錫山，圓熟的張群，甚至也有

人屬望的谷正綱，不能說是無可為的。但蔣先生過去好問細事的習慣已成，不但胡適，即伊尹諸葛亮復生，也沒有多大用處的。不過，吳氏還要盡其「愚忠」，為之上陳，恐怕是：我本將心向明月，誰知明月照溝渠了。

還有主要的，是要求蔣把那「我國政治進步之又一大障礙」的蔣經國，將之遣派「來美入大學或研究院讀書」了。這一個要求，不但使蔣把大公無私的態度，明示於天下，（即傳權於子的心跡。）即對於蔣經國，也是很有益的。實在，中華民國還未變做中華帝國之時，傳位是不得，傳權更不可能的。若勉強而為之，不但不是經國之福，而是經國之禍。蓋以經國之學識及經驗，担負國家的大政，還是不夠的。以那共產黨的作風，構怨連禍，蔣先生在，可以使人離心的，過去毛森之被排，就是一個例證。吳國楨親嚐其滋味，不禁其言之切了。假如蔣先生不在，台灣是大有人在的。不甘心於做家奴，要盡其國民的責任的，既無所畏懼，又何須用其客氣麼？那麼，蔣經國的前途，能堪想像麼？蔣介石先生是愛子的，假如打算及此的話，則對於吳國楨的要求，應即立即接受，愛子即不以其道，也要顧及於利害，才是高明。不然，怨毒與日而俱積於人的心，到了爆發之時，就要悔之晚矣。我們知道，經國今日的權力，乃憑其封建關係而得，不過是袁世凱的袁克定，並不是李淵的李世民。李世民的江山，是他自己的本領打得來的，他是才兼文武，能及生民，他不但有本領，而且有風度，把天下智勇辯力之士，歸於己用。他不但能打江山，且能定江山，造彼了貞觀之治，經國則如何？他的學養如何？不待吳氏之指陳，已人所共知，則本領如何？可以想見。而風度呢？親如毛森也不能容，遑說天下之士？難道國家大事，有一個「青年團」就可以担當的麼？（國家小事則可，大事就不能了。）蔣經國可有此幼稚的想法，蔣介石先生就不應也不能如此想法的了。吳氏的要求，與其謂為對蔣經國的反對，倒不如說是對蔣經國的愛護，不是「愚忠」，決不會如此冒此不諱而直陳的。

吳氏所陳的兩事，誠如所說，「皆易行之事」。他希望蔣氏移愛權之心而愛國，愛子之心而愛民，已盡其披肝瀝胆，泣血椎心之能事，蔣先生能予接受，不但反共復國之功，不會失落，即贖罪補過之行，亦可達到。吳氏有愛於蔣多矣，然而蔣不以為然，以叛逆視之，吳氏真是「人生到此，天道寧論」，就難免於「僕本恨人，心傷不已」，只有讓上帝引領蔣介石先生去收復大陸了。

我們把吳氏的三函來觀，無一是而不是為國家，為蔣氏父子著想的。蔣氏當政二十多年，官吏不下千萬，但似吳氏之忠而勇的，實不多見。但蔣卻知有諂而不知有忠，乃欲得吳氏而甘心，真正是狗咬呂洞賓，不識好人了。當吳氏事件發生之後，台灣的全力攻擊，令人生畏，即到了現在是停止了，他們報刊的報刊，也耿耿未忘。日昨見到時報有若木先生也者，著文攻擊真報，謂該報中傷自由中國，是統戰作家的言論，註引「響應吳國楨」為例，可謂明證。實在真報之於吳氏，不但沒有響應，再責吳氏與台灣都不是，並沒有支持吳氏的。而乃反以響應目之，過於加強人以罪了。響應吳氏的，就是中傷自由中國，是「統戰作家」，那麼，這一頂帽子，到了曹聚仁被迫滾出真報之後，就要飛到我的頭上來了。因為我的言論，不但響應，而且支持吳氏的。吳氏不是他們心目中那末不肖與該死麼？智者可不見其智，我們仁者自有其仁的，不信，睜開眼睛看看吳氏致蔣的函罷，孤臣之涕孽子之心，那裡是工作人員之所知呢。

暴風雨中的一葉（後序）

吳國楨對於台灣中人對他含血以噴，含沙以射而反抗之時，說他自己等於暴風雨中的一葉。他以為在台灣的暴風雨襲擊之下，自己是那麼孤零，是十分悲涼的。一葉之嘆，可謂等於哀鳴。但是，正義是在人間的，孤掌一鳴之後，中外的輿論，便起而為之響應，把台灣打出的暴風雨，停止下來。「西園日日掃林亭，依舊賞新晴」。事件發展到現在，已經是雨過天青了。德不孤、必有鄰，此暴風雨中之一葉，便化作天邊的彩霞，為政治的詩人，留下一些很好的題材！精誠所至、金石為開，吳國楨先生，可以知道皇天不負好心人的俗語，有其真理的存在。至要學生公說法，使頑石為之點頭，就現在的事實以觀，恐怕是：「莊生曉夢迷蝴蝶，望帝春深託杜鵑」了。

孤掌難鳴既成為不易之理，則孤掌之鳴難得回應，乃是意中之事。吳先生的哀鳴，是人情之所難免的。記得吳先生的聲明與政見發表之時，由台而港的宣傳攻勢，確乎是狂風暴雨而來的。工作人員，不但免強用其筆頭，而且是運用其口頭，以伐以誅，「企圖賣國」，「等於賣國」的名詞，不但見之於報刊之上，且見之於談話之中，不已，電台的廣播，也如是言之。（第三勢力的報刊也不同情。）一犬吠形，百犬吠聲，喋喋之文，迷人之目，汪汪之叫，震人之耳，此時的吳國楨，幾乎變做了不為人齒的人物了。但是，對政治行情有相當了解的我，把新聞看了清楚之後，即根據理論與事實，說其公道的話。但當〈是獨裁乎？抑民主乎？〉的文章發表之時，對吳先生責難的呼聲，便波及到我這裡來：「馬兒瘋了，吳國楨還可以幫助的麼」？不說我瘋的朋友，則替我耽心，「馬兒如此做非餓死不可的了」。「將來收復大陸，馬兒還能回去麼」？在這惡劣空氣之中，我的朋友也被嚇了。一位女朋友關心地問我：「李先生，要不要緊呢？」這時的我，好像吳先生所說，也是暴風雨中的一葉了。但是，我不但有信心，而且有勇氣，還繼續的寫下去，反投槍地，發表了〈依然故我的台灣作風〉。當此文發表之次日，美國輿論支持吳氏的消息，在華文報刊有發見了。到了最後，胡適的「父老姿態」也出現了。阿彌陀佛！人們的觀感也改變了。不但吳先生沒有人斥之曰奸邪，我也沒有人指曰荒謬，台灣鳴金收兵之後，這一場政治的筆墨與口舌官司，也就告一段落。吳先生不再是奸邪，我不再是荒謬了。

自有黨派宣傳之後，政治上的是非邪正，是絕對無憑的，於彼有利的，雖壞亦好，於彼無利的，雖好亦壞。我們記得第二次大戰之時，德國與蘇俄沒有協定之時，被罵為法西斯，全球之共產黨人，同聲詛咒。及德蘇協定之後，希特勒就做了和平的愛好者，全球的共產黨人，同聲歌頌之。黨同伐異之理，是無分中外古今的。而沒有黨派關係的人，第一怕人誤會與政治有甚麼關係，第二又怕開罪了某黨某派，以干未便，是非之場，祇有望而遠避。除了那些政治野雞及文化扒手，要分政治殘羹，對於黨派要趨熟門，燒冷灶之外，很少肯挺身而出，作公道之批評的。

正義雖在人間，所謂是非之心，人皆有之，但格於形勢，悠悠之口，不敢負什麼責任的。於是，以為有處世哲學，知亂世哲學的人，都是明哲保身，事不關已而莫勞心的。我雖是愚蠢，這些道理已耳熟能詳，不能說是不知道的。但被所讀之書來影響，義理之念，便在我崛強秉性的弱點，似如鯁在喉的，不吐不快。吳國楨是台灣當局所欲得而甘心的人，宣傳的攻勢既來，政府的命令亦下，不為中共政府所容的中國人，對此正統政府的主宰者，應該似封建時代的臣民，以之為天王聖明，使吳國楨臣罪當誅，不但目前的津貼可望，即將來的官職亦可期，而乃不此之圖，對一個素昧生平的吳國楨，為之主持公道，是犯不著的。假如吳國楨是孔祥熙那麼富已敵國，予以擁護，成功可望有祿，失敗可期有利的。（所以有人擁之做副總統）但吳是要靠演講教學為生的，自顧不暇，予以同情，沒有好處的。即不如此，也要與吳是朋友，始可以私情徇之，以酬交遊，亦有理由的。但是，我則在私情而至私心之外，並不考慮什麼後果。為主持公道，朋友怕我餓死，是有理由的，況且台灣當局，由來死不饒人的，同情吳氏，當與吳氏同罪，現在台灣去不得，他們得上帝引領而收復大陸，而大陸也返不得的。不但政治生命沒有，即國民權利也沒有，所謂智者不為之事，我卻偏偏為之，只好永為無國之民了。但不義而富且貴，既不一定富貴，又何如義而貧且賤，素貧賤行乎貧賤呢？凡人做一事，都有目的的，我當不能例外，我的目的在義理，與以利祿為目的，則有所不同而已。由於是非不明，而至曲直邪正、忠奸不分的時代，義理自在，沒表示已經對不起自己，何忍為了一些不可得的利祿，為奴當狗的，跟著了宣傳綱領而人云亦云呢？與台灣有關的朋友，勸我不要開罪台灣有之，但我是不怕開罪，也不求立功的。在台灣正黑暗之時，我首先承認他是正統政府，並不是立功，那麼，對於庶政的批評，要說是開罪，也無所謂的。有些朋友過於為我設想了，叫我先為蔣總統捧場，他慢慢地為我說好話，謀好處。他不知道我不怕人說壞話，不向人謀好處的，朋友的好意，但有一笑置之。至是否是看我不起，不了解我，我是不計較的。不過，有一個朋友，他對我說：「皦生！你的工作是有價值的，台灣開明的朋友，都希望你堅持你的立場和態度，即餓死也值得的。你所說的話，都是我們要說的話，但我們格於地位和環境，不能言而已。你不言，台灣當局自滿自足，自高自大，不但大陸無收復之望，即偏安之局也沒有前途的。當局沒有前途不足惜，其如國族前途何！」我在此君哀婉的談話中，知道台灣還有人的，吳國楨辭官而說話，就是很好的明證。我相信，心中為吳氏不平，台灣是大有人在，不過地位與環境不能有所表示，那麼，我之同情吳氏，台灣不少人為之作會心微笑的。可憐一些低級工作人員，以為我似吳一樣大逆不道，我不忍斥他們之鄙，祗有嘆他們之愚而已。毛森有了那麼高的地位，也不免於通緝，那末，一月不過百十元活動費的工作人員，隨時可無的，又算些甚麼呢？其實，吳氏及我的批評能得當局接受，當局有了前途，不但與他們無礙，而且是有益的。不然，無道下去，則不免於樹倒猢猻散，工作人員之對吳氏及我有反感，不是狗咬呂洞賓麼？

我們從另一方面來看，我對吳氏的同情，因而也獲得許多朋友的同情，有一個遠在元朗的朋友，為此而來找我去一雞三味，為之慰勞，我不但不因此而餓死，且因此而獲得一個醉飽。當然，一頓的醉飽，比不上一次津貼的千百分之一，但在精神上，就不可以比擬了。吳國楨有我予以鼓勵，而我有朋友予以慰勞，所謂公道自在人心，宣傳攻勢又有何用？權力的威脅又有何用呢？得道者多助，古人不欺我，更不欺吳國楨。李宗仁與我有私誼我不同情，吳國楨與我素昧生平，我則予以同情，不是有一個道在，又何必去做於自己無益而有害之事呢？我得謝謝美國對吳氏的好評，胡適對吳氏的公論，不然，廣大的同胞，雖以我言為然，而工作人員還以我為大惡呢？

暴風雨中的一葉，不祇吳氏，也不祇我個人，有肝胆與頭腦之中國人，無一而不如此，但暴風不終日，暴雨不終朝，一葉在滿天飛之後，必然歸根的。一葉落而知秋，我們在看吳氏的一葉，便知道蔣介石先生的政權，不知所以改革，前途是有限。同時，更知道台灣中人，對政治民主有其熱望，對孫中山先生的遺教，有其高情的。我們見到了大陸共幹之起而反共，使我知道了我們國族的將來，不但可以減少不少災禍，而且有其光明的遠景。「中國不民主是沒有前途的」。這是我敢對同胞大聲疾呼的，除了不知有國族，也不知有自己的人，才不以為然。獨裁的思想，雖未如胡適之所云，隨希特勒而死去，但民主在世界既是明明巨潮，在中國又有長長的暗流，將來的中國，不能容許獨裁的思想與政權存在的。

阿媞把所剪存我那關於吳國楨事件的文章編成此書，為自由中國的政府過程，留下一個記錄，那是很有意義的一回事。她編此書與我所作文章的動機是完全相同的，動機如何，即為一個為孫中山先生遺教而爭持的吳國楨先生，表示其莫大的同情。孫中山先生的遺教，是中國革命建國的最高原則。其民族獨立、政治民主、經濟平等的要求，是施之四海而皆準，留之百世而不磨的。可是，被凍結於蔣介石，被違背於共產黨，不但把我們的命運送上了最悲慘的一段，那是一個有頭腦與有肝胆的人，所引為痛心疾首的。吳國楨先生，為了那還捧著了孫先生的神主，還借三民主義的名義，他不惜拋棄了高官厚祿，辭家去國，要求蔣介石先生，完全接受孫中山先生遺教。我們為了孫先生遺教爭持了三十年，歷盡了死生流轉之苦，不但不能得到實現，反而見到孫先生及主義，被人假借，被人歪曲，實深無限的悲憤。而吳國楨先生，不顧一切而大聲疾呼，隔海相望，為之喜極而涕，天涯同調，不少其人。但能似吳國楨先生，拋棄其尊榮，冒犯其危險而爭持者，實無幾人。他既不願一切而爭持，若不挺身而起為之響應，不但對他不起，也對孫中山先生在天之靈不起，同時，亦對自己不起。我所以也不顧一切，在狂風暴雨般的宣傳攻勢下與之抗爭。現在，事件雖因台灣之停止攻擊告了一個段落，但並沒有宣示其接受孫中山先生遺教的誠意。反觀大陸之中共政權，還是依舊通番賣國，謀財害命。而其他黨派，以及一切不知革命為何事，國族為何物的文化人物，還以缺乏其政治道德與智識，也作反孫先生及其遺教的宣傳。是孫先生遺教的實現，還有待於對政治道德與智識有了解，對國家民族負責任的人，作更大的努力。

我願以此書，獻於吳國楨先生，作為他的慰勞信，獻於為孫先生遺教而爭持的同胞及同志，做一個定心丸。不論是吳國楨，凡我同胞與同志，若為孫中山先生遺教而爭持，我則無條件予以支持的。

編後記

呂媞

承師友們的督促，及先聲出版社之要求，著我將馬兒先生發表於《超然報》，有關吳國楨問題的文章，編之成書。使關心此事件的讀者們，可以一卷在手，黑白分明，這是此書發行的主要目的。

吳國楨先生，這位自由中國的高級官吏，歷年均任要職。尤以大陸變色後，復主台政，譽之者謂其無過。然而，功過與賢不肖，中外人士多有定評。吳氏已於去年辭官去國，以演說渡其生涯。對於自由中國之政治措施，已不問聞，但為流言所及，乃上書當局，希望早日實行民主，勿為一念之私，使爾誤國誤民。不料此談話及信件一經刊出，台灣方面的惡劣反應，非欲得而甘心不可。而海外與台灣方面有關之報刊，亦多對吳氏大加抨擊，甚至大書其有賣國行為，此種誣陷之言論，實有失報人之公正態度。在此時也，獨有馬兒先生，根據事實與理論，在《超然報》排日撰文糾正，指斥其對吳氏所有之攻擊，多屬偏袒之歪曲論據，致使海外僑胞，莫不恍然稱快。

現在，這一場風波，已雨過天青了。所謂是非曲直，這裡便給你一個正確的答覆，邪惡不能戰勝真理，公道也自在人心。馬兒先生雖淡泊艱苦，但為了主持正義，終於獲得了廣大讀者們的愛護，其精神上之感到愉快，尤比物質上的獲得為甚。而作為一個學徒的我，雖一剪一貼，一編一校之中，固使我獲益不少。假如人間的正義，因此書之出版而得到一個永久的紀錄，則我的工作，不能說沒有其相當意義的。

呂媞謹識於香港（民國四十三年四月廿五日）

附錄

活在我心中

——悼念惔生夫子並及其詩詞——

生歷憂危、但以堅貞見志。死得清白、不藉權貴增榮。

呂媞

老報人李惔生遺影

相依相隨將及三十載之惔生夫子，已於六月廿八日下午五時四十分，一瞑不視的離開塵世，對著他留下的一堆紊亂，萬斛悽酸。終日模糊淚眼，料理著他的身後事。至七月五日，是他的火葬之期，天剛發白，即把兒女喚醒，攜了香燭，驅車直到哥連臣角火葬場。其時天愁地慘，夾著狂風暴雨，更為我多添哀傷。十一時正，靈柩才來，兒女當即跪拜，我又不禁涔涔落淚，但見洞門開處，即接去他一副傲骨，從此化作灰塵。耳邊不再聽到他侃侃而談的國家大事，眼中不再見他吟哦詩詞的神態，在泣不成聲中，曾以上述二十字的蕪詞哭他。

帶著滿懷酸楚，返抵寓所，即見到某一刊物載有悼念磎生之文章，細讀之下，頗有抑揚頓挫之致。本來，身後是非誰管得，但以磎生的一生事蹟，由其立場與為人，皆以國家民族為前提，一生服膺三民主義，是孫中山先生之忠實信徒，在港二十餘年，獨往獨來，不依附權貴，在夾縫中過其清苦之生活，求諸當世，又能有幾人？大抵磎生的文筆，過於尖銳，立論守正不阿，於是不相識的人，就以為他是文如其人的嚴肅，不易親近，加上他對政海人物之批評較苛，難免招怨，但他到今天雖已蓋棺，若要論定，似乎還有待時間為之証明。我在哀傷中不願為此置詞，每想到「自古皆有死，莫不飲恨而吞聲」之句，則磎生又豈能例外？

連日來風雨縱橫，小樓一角，憑欄望遠山，但見一片迷濛，低頭理遺物，又覺千般落寞，一詩一句，皆令我悽然而又惘然。唉！罷了！罷了！人已去，縱使我搶地呼天，魂牽夢縈，也難將其生命再續，唯有抹過淚眼，收拾他遺下那一堆紊亂的詩詞，藉此化辛酸而為堅強，去哀痛而更努力，在回憶中勉勵自己，鼓舞自己，向荊棘的道路邁進。

記得是民國三十八年的冬天（即一九四九年），我們舉家寄居於粉嶺黃崗山，那兒有一間齋堂，名「藏霞精舍」，與沙田之「紫霞園」同一系統，齋堂旁有三間石屋，我們就租住於第一間之歡仁堂。這裏沒有水電設備，一切皆是舊日的農村式生活，日出而作，日入而息。不久，磎生應某報之約，每日撰寫專文；稿酬每月一百五十元，於是，他多於晚上寫稿，一盞油燈，有時竟寫至天亮，交稿後必在港盤桓一二天，才又回家寫稿。

在此，我不必說他的文章是自己的好，但凡在四十歲以上的中國知識份子，曾居於香港的，大多數都喜看他每日的專文，故受到廣大讀者的愛護，也是事實，和讀者討論問題，他多在文章中答之，因此，他那「馬兒」的筆名，著實「名噪一時」，慕名而相識的不少。就在此時，有位署名芸娘的讀者，以〈桃源憶故人〉之詞牌，題寄燄生兄，其詞曰：「風花幾度催寒暑，贏得愁腸如許。回首家山無路，試問歸何處。當年可記叮嚀語，莫把蒼生辜負。往事夢回重數，淚滴階前雨。」燄生即以〈倚聲答芸娘〉為題，也填了一首詞曰：「天涯莫問人何許，十八年間如故。踏遍關山長路，此志今猶空負。蹉跎一往憑誰訴？留得傷痕無數。家國不曾耽誤，只此為君語。」

這二首詞用專欄刊出，我讀後很有感想，芸娘這名字分明是個筆名，但若與沈三白《浮生六記》中的女主人芸娘聯在一起想，那就更有詩意。同時，不少老朋友告訴我，「從前燄生在上海，真是張緒當年哩！」準此以觀，他們之間，自有一段不尋常的友誼。

過了不久，燄生大概有以端陽為題之作，可能是寫在文章中一起發表。這位芸娘女史又以〈瑤台聚八仙〉詞牌，依燄生兄辛卯端陽原韵為題，寄來一詞，發表於報上，我讀後即剪下，連同前詞一起貼好。其詞如下：

骨肉流離，低徊處，佳節無語空嗟。密雲驟雨，依然幾度橫斜。故舊凋零無覓處，鄉邦血債怎延賒。望巴巴，情牽故國，恨落誰家。不堪腸斷日日，但傷今吊古，瘦損年華。遙祭靈均，心事似火如麻。餘生留得不易，更無力除魔更辟邪。誰磨劍，汗催旗鼓，血洗榴花。

我喜讀詞，對著這首憂國傷時的詞更為喜愛，我再三細味此詞的章法，除了家國之外，還有兒女之情。因此在家務之餘，我亦動了吟興。在平時，餤生常常述說他於民國十六年，廣州清黨時，與一群男女同志，因被誣指為共產黨而亡命於天涯，第一站是逃到香港，彼此一腔孤憤，但願為國族利益而犧牲，故同志間之感情是純真的。餤生又說過，其中有位女同志，以同姓之故，且認作兄妹，不談愛情。這位芸娘女史是否當日之李小姐呢？因無來信說明。因此，我便摹仿芸娘女史之筆法，認是姓李的填了一首詞，用〈綺羅香〉之詞牌，題為寄馬兒先生，筆名則用「慕茜」二字，其詞如下：

「咫尺天涯，尋消問息；驚識故人行止。回首從前，一往情深何似。不堪道，雲散風流，莫重問，悲歡難已。記當時，攜手風雷，年年浪跡又何地。　傷心家國易幟，今見狂魔野獸，史無前例。淚血山河，漆室低徊無計。對狂瀾，欲挽何憑；願化作，木蘭當世。待從頭，妙筆生花，再來翻舊史。」

此詞寫好之後，我用原稿紙再抄正，並簡單地附上一信，但又怕餤生看出我的筆跡，乃改用寫得平平正正之美術字體，逕寄到報社去。

果然一星期後，此詞刊了出來，餤生還用〈前調答慕茜〉為題，寫了如下一詞：

「一紙書來，千般感到；回首不堪重記。舊夢依稀，離合悲歡如此。忍經見，故國滄桑，不須道，異邦萍水。竟何當，革命心期，置身此際卻無地。　神州無復漢幟，猶見胡兒城上，古今同例。蛇豕縱橫，莫問人間何世。也曾思，寶劍橫磨；又幾度，唾壺擊碎。待他時還我山河，與君同一醉。」

我再三朗讀這二首詞，每讀一回，就傻笑一回。第二天，錟生回家，攜回一卷報紙，晚飯後在門前乘涼，他便問我「看到報紙沒有？」我答「看到了。」我知道他所說的報紙，一定是指已刊登出來的兩首詞，我又想到他以為接到故人之信時的內心喜悅，不由得也嘻嘻聲笑了出來。幸喜錟生還未會意我所笑的是什麼，他繼續說：「民國十六年一起逃亡來港的李某人她有信給我，還夾了一首詞，我當天和她一首，已一起刊登出來了，」說罷，即站起來回到廳間，檢出那張報紙，和一封信，遞到我面前。

我接過了自己的筆跡，忍不住哈哈地笑了幾聲，錟生奇怪地問我「笑些什麼？」我頓時不知如何作答，便撒了個謊道：「我笑你很幸運，一別多年的女同志，想不到又在香港重逢，先有芸娘，後有慕茜，看來她們對詩詞很有研究，我已再三拜讀了，極有情致，令我很感動呢！」他聽了，才不作奇怪的表情，但我仍然忍不住笑，又吃吃地笑了起來。

「為什麼你老是笑？」他一再追問我，迫得強忍笑容，推說「沒什麼，」然後打開封信，作狀地看了一下，再把信放下，故意問道：「你看她們二人作詞的功力如何？」想不到，錟生不答我，反問道：「我倒想先聽聽你的意見！」

事實上我又怎能作批評，但在未曾揭開謎底前，不妨繼續遊戲下去，於是我說：「我覺得芸娘的詞較好，文字很流暢，很動人。」「那你錯了！」燄生正色地道：「芸娘所作的是小調，句子雖是流暢，但不及慕茜的大氣磅礴。它筆端很有情感，以女子來說，這是難得的佳作！」「哈哈……」我帶笑地挖苦他：「不見得罷！可能慕茜與你同姓，又有兄妹之誼，你便過於偏愛了！」「沒有沒有！」他連忙否認道：「你若不信，可將芸娘之詞拿來，讓我分析給你看。」於是，我很快便取出經已剪貼好了的幾首詞，他逐句解釋，還作了比較，大大地恭維了慕茜一番，弄得我無辭以對。

我以為此事就此可以告一段落，不揭穿也罷。豈料約在二星期後，燄生歸家，晚飯時興匆匆的說：「想不到一別多年的老友朱君，昨天茶座中又見面了。」我還不知就裡，順口答句：「那真是人生何處不相逢！」「是呀！」他面露笑容的答道：「朱君也是民十六年一起逃亡的同志，他與慕茜是認識的！」「哦？」我不由得一怔。他繼續的說：「在茶座中，朱君說知道慕茜的地址，也見過面，並願意約她前來敘舊，到時，我要你參加。」「為什麼？」我好奇地問。「因你也好填詞，讓你有機會向老大姐請教，不好嗎？」他很堅決的說。而我則又急又好笑，這分明是不可能的，說穿了，那才尷尬呢！故連忙道：「別那麼天真，你們一別多年，老大姐未必肯來的。」「一定來，一定來！」他很有把握地說：「朱君說包在他身上，還說下週便有回音，你準備好了。」

這可把我急壞了，假如一說穿，李大姐根本沒有寫過信來，完全是我造出來的，於是我接著說：「天下同名同姓的人甚多，這個慕茜，未必是你所說的李大姐，」「一定是，百分之百是。」餤生若有其事的。我氣急地答：「我猜絕對不是，恐怕慕茜是另有其人，你別那麼衝動好不好？」「嘿！你又來了，慕茜當年也極愛填詞，不過沒有今天的老練而已，這不是尋常兒女之手筆，有機會給你見識見識不好麼？」

我們爭持了好久，看來是到了非說明不可的地步，我說：「假如我有證據提出，証明今天的慕茜，不是你當年的李大姐又如何？」「哦？」他瞪了我一眼，又說：「你到底弄什麼玄虛？」「沒有什麼玄虛，只是有鐵証。」說罷，我即去取出自己的原稿，擺在他的面前，他定神看了又看，詫異地說：「噢！你這原稿，唔，筆跡是你的，但是，慕茜給我的信和那首詞，字體又不是你的了，為什麼？」「哈哈……」至此我才放聲地笑了出來，「就是怕你認出筆跡，所以便變換字體，其實，我這種字體，你也見過的。」於是，又從書架中取下一本書，我習慣每購一書，皆在書首用這種字體寫上名字，及購書之日期。他看了，表情十分有趣，不是喜，也不是怒，「想不到你這末惡作劇，老夫竟給你愚弄了！」「哈哈哈！」我們不約而同的大笑起來，「這不是愚弄，而是考考你的智力，這回你跌眼鏡，認輸了罷！」

這一場遊戲，雖是二十年以前的事，及今寫來，猶似昨日，二十年來，每有閑談，也常常提起，有幾位老友是知道此事的，也取笑他：「餤生，這回你碰到對手了。」

我們就是這樣窮風流、餓快活的過日子，他天天忙於寫稿，但也很愛朋友，常常與朋友在咖啡室暢談。這期間的詩，多附在文章之中。有一次，一位老友從廣州來，千方百計打聽到我們的住處，並送來一套很精美的香煙用具，相談之下，老友甚為感慨，他說：「以燄生目前聲名之大，想不到其居所竟如此簡陋。」我們只是淡然一笑，賣文為活之人，不清苦才奇哩！何況「貧乃士之常也。」

自此一晤，老友還在九龍相約茶敘，有次特別是約我的，他誠懇地勸我回廣州一行，還談了許多瑣事，當時我是婉拒了，原因是兒女尚在襁褓中，家務乏人照料，實在無法分身。老實說，作為一個中國人，誰不願意活在自己的國家中，總勝過托庇於異地，可惜環境未許可耳。此後，老友因公務未了，與燄生時有見面，直至公畢要回廣州，燄生以不能無詩以紀此會，乃把吟好之詩交我，著我寫成條幅，詩曰：「廿年一夢記依依，去日交遊賸更稀。清瘦寒梅為顧影，婆娑舊柳想成圍。相逢劫後人猶健，自覺望中事未非。辣手文章杯酒外，乾坤正氣不曾違。」

此詩寫好之後，老友又提起在廣州時的藝文朋友，如關山月、黎洪才、黎葛民、莫鐵諸君之近況。猶令我憶起精於篆刻的長者莫鐵，當年在文酒之會中，我咏秋柳之末句是「兒女不封侯」，鐵翁大為欣賞，即說要刻方印章送我。詎料匆匆一別，直至老友來談起，今趁他回穗之便，即與燄生挑燈吟哦，題為〈寄懷莫鐵與呂媞聯句〉，詩曰：「越王台畔舊風流，詩酒相從處處遊。北郭園林看夕照，荔灣水月弄扁舟。故人無恙聞消息，絕藝能力更進修。鑄印當年曾許我，一方兒女不封侯。」詩成之後，也寫成了條幅，雖然書法不佳，但都是我們夫婦的真蹟，老友接看之後，說必能為我們轉達鐵兄。

在廣州時那一段文酒之會的生活，給我難忘的回憶。當時關山月夫婦待我們甚好，閑來我們便是他家中之常客，我常看關山月作畫，流連於畫室中，有時𩑡生也題句。對日抗戰時，於大後方之桂林相交，𩑡生且為他題了不少畫幅。對關山月之藝術造詣，推崇備至，那次珠海重逢，還認識了關山月的老師高劍父，故在文酒之會中，格外熱鬧。其中有位盧傳遠兄，曾拜高劍父門下，對我們這一群朋友特感親切，身邊經常帶備相機，大量獵取鏡頭。詩中所說：「北郭園林看夕照，荔灣水月弄扁舟。」都是真情實景。在荔灣不但弄扁舟，還時作弄潮兒，記得還有周千秋、梁粲纓夫婦。不過，其中與關山月及高劍父等人之照片較多。關山月且贈我畫幅，高劍父也有數幅，可惜散落廣州了。祇是照片則留在行篋中，無事時總愛翻閱，藉以緬懷過去一段愉快的時光。

記不清隔了多久，莫鐵兄果然托人將數方印章帶來香港，留在周千秋兄家中。令我歡喜若狂，故人情重，並不因時間之消逝而忘懷。印章中除了「兒女不封侯」外，還有數方閒章，每一把玩，如見故人。近年聞說莫鐵兄尚健在，但亦垂垂老矣，多年來均默禱上蒼，祝福他寶刀未老，盼望有機會再與藝文前輩同遊。

𩑡生的寫稿生涯在斷斷續續之中，但他文章中有個人的面目，他滿腔孤臣孽子的報國之心，受到不為時尚之譏，而他不以為忤，依然吾行吾素，至死不渝。正如石濤所說：「我之為我，自有我在。」

前坐者名畫家高劍父，後立者
關山月（右）李燄生（左）。

當兒女開始上學時，我除了家務便耽於書畫之作，我集中精神於此道，與燄生以文章報國之熱誠成了正比，他不是替報章雜誌寫文章，即與詩人詞客們往還。而我們已從黃崗山遷至聯和墟之安樂村，那兒是一座古老大屋，我們租住一間斗室。他又應紐約《民治日報》之約寫專欄，與到時他一口氣寫上數天的稿，投寄之後，就可以搖搖擺擺地與友人談天說地了。

為了生活，我接受飄揚女史之約，為綠邨電台撰寫劇本，夫妻二人，忙忙碌碌的天天在寫。但稍有空餘時間，我仍作書畫。在我個人的感受是「書畫養心，寫稿養身。」我力主他多作詩，並堅決地說：「詩人之名留給你了，因為我縱然會作詩，別人總會加上一句，是燄生代筆的罷？但我致力於書畫，這是你所不為的，彼此分道揚鑣，同享甘苦好了。」

吟詩對他是樂事，對我是苦事。因我喜於夜靜後構思，白天理家務，帶孩子，已夠我忙了，如晚上再用腦，則至天亮也無法入睡，日間便無精神應付工作，故我決定留下精神去寫畫，他對我的見解也深以為然。

就在三數年間，我每成一畫，他必有詩，其中題在蘭花上的，如：「江山回首不堪看，但對東風自畫蘭。省識美人芳草意，天涯聊表寸心丹。」另外律詩中我最為喜愛的如下：「積氣長存正與貞，美人君子擅佳名。當門恥逐叢蕭長，隱谷寧隨眾草生。無土寫根應下淚，非時作佩總傷情。茫茫不盡靈均意，世濁難為汝獨清。」這二首詩，我曾寫成條幅和橫披，先後在尖沙咀的星光邨陳列過。

由於我喜愛他的詩詞，有時一首詩，我寫上二三十遍，越寫越起勁，寫後心情愉快，人也覺得輕鬆，這種享受，絕非局外人所能領略。

我們心目中的居處不在鬧市，總希望在鄉間，山明水秀之境，他吟詩，我寫畫，過點寧靜的生活。直至最近，他在病中，每當無人探病之時，即示意要我坐下，談談日後的歸隱美夢。我強顏歡笑的安慰他：「這美夢是不難實現的，如今兒女長成了，他們已能自立，祇要你病癒，一切皆成事實，到那時，才是真正的有情歸隱谷，無語發幽香呢！」（以上兩句詩，也是倓生所作）他點首微笑，眼中充滿著愉快與希望。明知那美夢是泡影，但亦願安慰他老懷於一時，只是說過之後，我已忍不住熱淚盈眶了。

一九六五年初夏，報上刊登了一則新聞，是有關國籍問題的，燄生看了，大為氣憤，即以〈國籍吟〉為題作詩，前有小引：入境事務處長戈立解釋；沒有文件來證明國籍的華人，叫做「無國籍華人」，領有香港出世紙者，是英籍華人，不領到出世紙者，是無國籍華人，等因奉此，將與二百萬以上的香港同胞，同為無國籍之人矣！慼成此吟，以誌此痛！「哭罷都亭十六年，年年淚眼問青天。不堪回首遺民恨，未已傷心孽子緣。身世今知無國籍，乾坤始見有桑田。蒼茫四顧情何遣，獨自憑欄獨自煎。」如此激昂沉痛之詩，十足表現了燄生之獨特個性，不管寫文章，作詩或填詞，都有他的真性情，所謂是者是之，非者非之；但也是他的苦處，因為如此，精神永遠受折磨，憤世嫉俗，別人不了解他，便以狂士或神經不正常，甚或不識大體來指責他。一個讀書人，自有他做人處事的看法，燄生個性倔強，寧願餓死，也不向壓迫他的人低頭的。

回憶一九六五至六六年間，我們真是忙得難以形容，一方面要寫劇本，另一方面，我正與一群愛好書法的朋友共同努力，參加日本書道團體所主持的港日書法聯展。故每次劇本寫好，即由燄生送去。

是一九六六年春天，早上氣溫和暖如初夏，他出外時僅穿夾衣，豈料下午天氣轉寒，在送稿中也成詩一首，其題目是：〈春夜驟寒，送稿至綠邨電台，飄揚小姐大呼賜酒，司馬雲長且解大衣相與，許玉成小姐隔朝再有電話問好，詩以記之。〉「寒風料峭雨紛霏，送稿樓頭約不違。小姐關懷呼賜酒，少年著急慨推衣。人間見說無溫暖，臺上殷勤有細微，電話隔朝猶聞訊，此情未己感依依。」

一九六七年，本港遍地荊棘，綠邨電台人事亦大有變動，我即輟寫電台稿，啖生也不再在外面應酬，常在家中與友人下棋，以遣時光。住在市區的朋友，也喜歡到新界來玩，我們聯群結隊的到上水鄉邨俱樂部去。那兒風景很好，可以划艇，打乒乓球，溜冰；另有客人住宿的房間，環山都有楓樹，故約了友人，待到冬天，要再去欣賞。但在春天裡，我們漫步在鄉間的道路上，偶見一棵紅棉，啖生說：「紅棉花開，天氣漸轉和暖了。」我隨即彎下身子，撿拾一朵落在地上的紅棉花，在細細欣賞，我說：「紅棉被譽之為英雄樹，果真不錯，應該吟首詩了？」

他這首紅棉詩是：「南國初吹駘蕩風，花開萬樹映天紅。騰空似火芳菲外，拔地如椽爛漫中。俯仰無虧真磊落，昂藏自顧是英雄。殊方有見將何別？界別華夷總不同。」

此詩我很歡喜，閒來也寫了十幾遍，尤其是「騰空似火芳菲外，拔地如椽爛漫中。」形容紅棉的姿態，而「俯仰無虧真磊落，昂藏自顧是英雄，」那是將物喻己，以物寫懷，而末二句之「殊方有見將何別？界別華夷總不同」，那又是啖生對國族的懷念了。

一九六八年一月，我們由粉嶺遷到華富邨，一個天然環境極為幽美的居處，背山面海，座北向南，從此自歸一角，不必與別人同一大屋，於是，我們就稱此地為「看山讀畫樓」。入伙不久，便是戊申年之元旦，我買了幾枝菊花，插在瓶中，倒也增添一點新年氣氛，啖生也很欣賞菊花，便寫了一首七言律詩：「插菊渾成處士家，歲朝別自見風華。無心喜獲東皇寵，有道恆邀白帝嘉。獨擅清高矜晚節，何殊富貴作年花。宜秋兼得宜春樂，籬下瓶中兩不瑕。」這首詩，我曾書成橫幅，也在星光邨陳列了一段時期。

與友人同遊，委實忘了愁懷，加上住處之天然環境美好，所謂太陽、空氣、水，都比市區清新，我們便決定早起去晨運，鍛鍊體魄，增強體力。於是，每天早上七時便出門，橫過石排灣道，沿一條柏油路直上，到了一個小山崗上，那兒是一片平地，不少人在作運動，有打太極拳的，有跑步的，有小孩在踢足球的，我們也找一處較僻靜的地方，作四肢運動。有次，我們六時出門，另外尋到一條小路，有石級直上，兩旁是樹陰，大約有三百級之多，才抵達山頂，太陽初升，我們氣喘如牛的，在一棵樹旁坐下，看到了鴨脷洲和香港仔，向前看是南丫島，海上一片平靜，祇有公路上的車輛，往來頻繁。人們在忙於上班，而我們卻悠然地坐著，作個深呼吸，彎腰舉手，吸到最清新的空氣。那段時間，錟生身體甚好，面色紅潤，體重增加，胃口也好，這是在貧困中最開心的事。

每次晨運，上石級時他總比我快，可以說是健步如飛，有時他走遠了，回頭笑我說：「讓我扶你好不好？」有時則索性點了支煙，一面吸著，等我上到為止。這一段生活，確也別饒情趣，他還吟了一首「晨運」的詩。

「晨興攜手作山行，頓復遊觀去日情。林木蔥蘢穿處密，雲煙縹渺望中輕。徘徊得接初陽暖，呼吸猶貪大氣清。並坐憑高何所見，天風徐展海波平。」由戊申至庚戌（一九七〇年），晨運不曾中斷，至庚戌年夏，我以籌備個人書畫展覽而忙著，同時，晨運客被劫之消息時有所聞，於是祇好停止了。有時在邨內步行環繞一週，有時我由地下行樓梯上到頂樓（十四樓），用作代替晨運。

我們自遷居於華富邨後，由於陽光充足，小露台上栽種了幾盆花，每天澆水，看到盆中之玫瑰花一天天地生長、開花，倒也是消閒的享受。另一方面，我學會了浸水仙頭，兩盆水仙，長得亭亭有致，時發清香，斗室中並不覺得侷促，反予人以舒暢之感。因此，在團年飯吃過之後，啖生即吟了一首七言律詩。

「廿年客裏歲云徂，舊俗家家過不殊。犯例幾聲聞爆竹，居夷無法換桃符。盤花大放清香播，妻子團聚樂趣俱。電視中宵看節目，癡獃不賣守吾盧。」

是年七月，我訂了大會堂，準備舉行個人書畫展覽，因此，每日都在家中作畫，啖生為我題了不少詩，畫幅中以水墨為主，著色的有牡丹、玫瑰、葡萄等，其中多有題詩，如題葡萄的：「漢武唐宗萬古風，開疆拓土見英雄。纍纍莫作尋常看，國族長留不朽功。」題〈松竹雙清圖〉的：「冰雪無本情，歲寒矜二友。悠悠天地心，萬古終相守。」

踏入了辛亥年，啖生憂國傷時之情懷，與日俱增，所謂志士淒涼閒處老，而我之工作又極繁忙，有時，他除了教學生之外，多與朋友高談濶論。原來他寫了一首〈辛亥革命花甲歌〉，長達數千字，常與同學及朋友，推敲朗誦。此詩太長，恕不錄。

是年為了釣魚台事件，本港之愛國同胞，曾有示威之舉行，群情激憤，每日他留意報上新聞及電視台之新聞報告，看到無辜青年被打之鏡頭，啖生不禁為之憤慨，因此，他寫了四首詩來表達他的心聲。詩曰：

「血手重伸上國來，又圖佔我釣魚台。豢龍燒燕成魔障；養虎牧羊孕禍胎。諸夏聲聞獅子吼，八方響徹五丁雷。雄風已逐黃魂起，不阻汪洋自展開。」「聞風而起港青年，七七示威忿不躅。民主櫥窗揮警棍，自由世界逞強權。滿頭鮮血添新債，回首前塵溯舊愆。中國兩分人種賤，孤忠海外最堪憐。」「中山遺像手高擎，愛國何曾左右傾？有責匹夫都共嫉，無良黨派莫同情。什麼革命將何道？似此文明亦可驚！目擊耳聞應抱恨，仰天空作不平鳴！」「還有華人木石頑，問題香港說無關，皇軍南進經何地？倭幟高揚掛甚山？廿六年前留惡夢，百千劫後尚殘斑。憐他失憶流行病，事大如天視等閒。」

這四首詩，每一字句都有他的熱血。他的性情、才調，於此已表露無遺，愛戴啖生的朋友，每讀一回，都翹起手指，讚他有讀書人的風骨。

由於世界大勢有急劇之轉變，詩人的感受，自有他的看法，啖生在心平氣和之下，寫了二首頗為幽默的「美人」詩，當時，朋友們一見此詩題，不禁為之愕然，接著便笑他「怎麼？啖生竟有此綺念，對美人而想入非非乎？」另一些人則說：「怎麼？啖生改寫豔體詩了」？但當他們讀完二首詩之後，才作個會心微笑，領會到「美人」的真義。其詩如下：「見說西方有美人，多財

民國三十六年七月，前坐者李餤生、關山月（右），後立者為本文作者。

絕色世無倫。衣冠裙下供驅使，面首簾前侍笑顰。鎖骨觀音空普渡，縱情武氏不專親。欲仙欲死憑伊定，禍水滔滔浸八垠。」「有情畢竟是無情，暮四朝三肆意行。雲散枕邊榮易辱，風流花下死難生。詩陳樛木期恩化，禮納元纁作祭牲。步步金蓮看到處，倘非傾國亦傾城。」

自此之後，餤生較少作詩，他常感胸部不適，說內裏有一點痛。當時，我勸他作全身檢查，但他的回答是不要緊，總以為是感冒未清，致令胸部翳悶，但這種翳悶一直未曾消滅，幾個西醫朋友看過了都不奏效，乃改看中醫，每日一服中藥，即癸丑年之元旦，也照樣服用。起初，他說有效，故興到之時，仍與友人談天說地。在年初六的中午，我們還應老友黃天石兄之約，到其府上中飯，並欣賞瓶中那株盛放的桃花。

我們於上午十一時，即抵達黃家，黃君是個搖筆桿的朋友，雖然平日彼此會少離多，但每一聚首，都是滔滔不已，古今中外，上天下地，談個不休。我們飽餐之後，對著那一株開得燦爛的桃花，嘆為難得，我笑笑地問他：「該有詩了吧？」餤生一口答應下來，不但有詩，還要我寫成橫幅，黃君說：這是難得之聚會，所謂不有佳作，何申雅懷。歸家後，餤生便即吟了一首七律如下：「年花瓶裏賞桃花，春酒相邀好士家。灼灼其華紅岸雨，夭夭此色赤城霞。香生一室情無那，子結千年想未奢。紫陌舊遊如昨日，劉郎握手共天涯。」此詩我放在枱上，怎料餤生的病不但沒有起色，反而日見沉重，我忙著家務和教務，至今尚未寫成，而餤生亦逝世，此詩便是他最後的遺作了。至於他最後寫的文章，便是應《大人》雜誌編者之請寫的那篇〈何香凝老人軼事〉，沒有寫完，他說：還有很多很多，於今真的成為絕筆了！

我草此文之初，是餤生火葬後數天（七月十日），距今整整月餘，雖然我說抹過淚眼，但淚眼竟不曾晴。我斷斷續續地檢拾詩稿，每讀一詩，腦海中即浮現當年之情景。二十四年之辛酸生涯，怎樣強忍也無法壓抑我悲痛的情懷，待痛哭過後又執筆再寫，精神陷於渾渾噩噩之中，時感神魂不定，懨懨欲病。但還得振作起來，為他骨灰的安放而往來奔跑，依照佛教儀式拜祭，農曆七月盂蘭節，又為他附荐打齋，就這樣我在忙碌與痛苦的煎熬下度過了五十天。另有一些未及致祭的朋友，要在八月十五日（即啖生逝世之四十九天）營齋營奠，假沙田之般若精舍內致祭，朋友們對他的崇敬令我感動，靈堂中掛著詩友的輓帳，都寫出了他一生的事蹟及遭遇。最後來祭的是馬文輝先生，他問我啖生在病中還不停的吸煙，此事確否？我答絕對不是，馬先生說是從報上看到的，有數家報紙在說他病中也不離香煙，還說有暇可檢出報紙給我一看。自癸丑年開始，啖生病情日重，但他個性堅強，躺在床上仍然聲如洪鐘的談笑，只要不作劇烈行動便不覺辛苦，這時過兒剛由日本回來，知道老父病甚為難過，決定暫不工作而侍奉湯藥，有時父子二人同去看電影，時而一同去飲茶，或下棋等等，目的是博老父開懷，可惜這快樂的日子甚為短暫，自癸丑三月以後，他實在支持不住，要睡在床上，不願走動。這時，他已戒煙，並到醫院中照肺，醫生一看照片，當然知道他所患的病症，乃再寫信介紹入葛量洪醫院，作詳細的檢查及治療。

是五月四日上午，我與過兒及一位書道朋友張陶女史護送他進入醫院，那時，他還能步行一段路，自己換上醫院的病人衣服，晚上過兒則前去替他沐浴，生怕他精神不濟而有意外。數天之後，他因下床如廁而跌倒，自此院方不准他再下床，一切皆在床上處理，而我們則天天煲最有營養的食物餵他吃。

到了五月廿四日上午，醫生要會見病人家屬，通知我他患有肺癌，估計他尚有三星期之壽命。我聽後已哽咽不成聲，良久始能開步。而他的聲音，也日漸微弱，說話已不清楚，但他的精神未見衰退，每日還看報刊多份，並寫日記，只是消瘦得令人驚。此時，他已知自己所患的是不治之症，乃著我買一本硬皮簿，把他過去我所不曾知道的家事清楚地寫好，及身後事的安排，如今，我皆依照他的遺囑去辦理。所遺憾者，他沒有多活幾年，以觀世變。

他在彌留的一月中，除了把遺囑寫完，也寫了一些對國事的觀感。直至六月廿日，他已不再看報，也不能寫日記，每次我去探視他，他時作苦笑，很吃力地說一些人間險惡的事，便又閉上眼睛，我多次掩面流淚。到了廿七日，護士長說准我們不限時刻，都可送食物來，於是，我與過兒兼女，輪流著坐在他床前，兼女為他按摩，這是他所最滿意的，多年來，小女兒為他搥骨，他都說很舒服，這晚，我們侍候他至晚上八時卅分，他也怕我們過於辛苦，揮手示意，要我們回家，臉上還略作微笑。想不到，於二十八日的下午，啖生便離開人世，我用手按在他的胸前，脈膊停止跳動，直至一絲暖氣也沒有，冰冷的躺臥著。我沒有見過死去的人是怎樣的，我不信他死去，乃找護士長來，她按了一下他的手及胸，証實是死亡了。當時，我不懂驚怕，只覺陰森難耐，天愁地慘，我淚流滿面的撿拾遺物，拖著沉重的腳步回家。

出殯之日（七月一日），很多數年不見的朋友都來行禮，見到這些朋友，彷彿啖生當年和他們在茶座聊天的情景，又湧現於眼前，今則人天永隔，他躺在棺木中讓親友們瞻仰遺容，他永遠看不到親友們為他關懷和歡笑。就在當天的下午，晚報刊載章士釗逝世的消息，這是萬人矚目的事。記得十餘年前，啖生曾有〈章台柳二首，柬章士釗〉之詩，茲錄如下：

「章台柳色自青青，送往迎來兩不停。千尺柔條都折盡，十年老樹感重經。空將舊苑移新苑，忍過長亭又短亭。江上琵琶商婦調，重彈誰與訴飄零。」

「官街莫問舊長條，折盡長條又折腰。去日心頭滋味在，他人手上淚痕消。遽憐走馬思京兆，幾見飛綿過霸橋。惆悵曉風殘月岸，紅牙不再唱前朝。」

錟生詩詞之作甚多，自然並不止於上述這些，我不過隨便檢出而聯寫成文，以誌哀痛。在治喪期間，很多謝朋友們的慰唁和厚賻，我要套句俗語說「歿存均感」。錟生除了詩詞之外，還有數百萬字的文稿，大部份曾發表於報上的，他對國家民族的熱愛，贏得無數朋友的支持鼓舞，縱使有人對他指摘，也不能消除別人對他的深切懷念。所謂「松風水月，未足比其清華，仙露明珠，詎能方其朗潤。」錟生的學問操守，道德文章，將活在同一心魂的朋友心中，也永遠活在我的心中。

一九七三年八月十六日脫稿

Do歷史005　PC0383

吳國楨事件解密

作　　者／李敖生等
編　　者／蔡登山
責任編輯／唐澄暐
圖文排版／楊家齊
封面設計／秦禎翊

出版策劃／獨立作家
發 行 人／宋政坤
法律顧問／毛國樑　律師
製作發行／秀威資訊科技股份有限公司
地址：114 台北市內湖區瑞光路76巷65號1樓
電話：+886-2-2796-3638　傳真：+886-2-2796-1377
服務信箱：service@showwe.com.tw
展售門市／國家書店【松江門市】
地址：104 台北市中山區松江路209號1樓
電話：+886-2-2518-0207　傳真：+886-2-2518-0778
網路訂購／秀威網路書店：https://store.showwe.tw
國家網路書店：https://www.govbooks.com.tw

出版日期／2014年5月　BOD一版　定價／330元

|獨立|作家|
Independent Author
寫自己的故事，唱自己的歌

吳國楨事件解密 / 李敘生等著 ; 蔡登山編. -- 一版. --
臺北市 : 獨立作家, 2014.05
面 ; 公分. -- (Do歷史 ; PC0383)
BOD版
ISBN 978-986-5729-09-7 (平裝)

1. 中華民國史 2. 政治鬥爭

733.293 103005091

國家圖書館出版品預行編目

讀者回函卡

感謝您購買本書，為提升服務品質，請填妥以下資料，將讀者回函卡直接寄回或傳真本公司，收到您的寶貴意見後，我們會收藏記錄及檢討，謝謝！如您需要了解本公司最新出版書目、購書優惠或企劃活動，歡迎您上網查詢或下載相關資料：http:// www.showwe.com.tw

您購買的書名：______________________________

出生日期：________年________月________日

學歷：□高中（含）以下　□大專　□研究所（含）以上

職業：□製造業　□金融業　□資訊業　□軍警　□傳播業　□自由業

　　　□服務業　□公務員　□教職　□學生　□家管　□其它_____

購書地點：□網路書店　□實體書店　□書展　□郵購　□贈閱　□其他

您從何得知本書的消息？

□網路書店　□實體書店　□網路搜尋　□電子報　□書訊　□雜誌

□傳播媒體　□親友推薦　□網站推薦　□部落格　□其他__________

您對本書的評價：（請填代號　1.非常滿意　2.滿意　3.尚可　4.再改進）

封面設計____　版面編排____　內容____　文／譯筆____　價格____

讀完書後您覺得：

□很有收穫　□有收穫　□收穫不多　□沒收穫

對我們的建議：______________________________

____

____

____

請貼
郵票

11466
台北市內湖區瑞光路 76 巷 65 號 1 樓
獨立作家讀者服務部 收

（請沿線對折寄回，謝謝！）

姓　　名：________________ 年齡：________ 性別：□女 □男

郵遞區號：□□□□□

地　　址：____

聯絡電話：(日) ________________ (夜) ________________

E-mail：____